Karl Nadler

Fröhlich Palz, Gott erhalts Gedichte in Pfälzer Mundart

Karl Nadler

Fröhlich Palz, Gott erhalts Gedichte in Pfälzer Mundart

ISBN/EAN: 9783743374577

Hergestellt in Europa, USA, Kanada, Australien, Japan

Cover: Foto ©ninafisch / pixelio.de

Manufactured and distributed by brebook publishing software (www.brebook.com)

Karl Nadler

Fröhlich Palz, Gott erhalts Gedichte in Pfälzer Mundart

Fröhlich Palz, Gott erhalts!

Gedichte

in

Pfälzer Mundart

von

Karl Gottfried Nadler.

Achte Auflage der Originalausgabe.

Heidelberg.
Verlag von Gustav Koester.
1882.

Vorwort.

Die Sprachgrenzen, innerhalb welcher die in dem vorliegenden Büchlein gebrauchte Mundart gesprochen wird, sind gegen Westen die Haardtgebirge. Hinter diesen, im Westrich, herrscht eine andere, die, wenn auch nahe verwandt, doch nicht als identisch mit der pfälzischen betrachtet werden kann. Eine Linie, die man etwa von der Ausmündung des Annweiler Thales in die Rheinebene, herüber auf das rechte Rheinufer, über Germersheim, Philippsburg gegen Wiesloch hin zieht, ist die südliche Grenze. Die nördliche geht etwa von Grünstadt über Worms gegen Heppenheim an der Bergstraße; die östliche endlich von hier in einem Bogen durch den vorderen (südwestlichen) Odenwald bis in die Gegend von Wimpfen, und von hier wieder westlich über Sins= heim gegen Wiesloch. Der Hauptunterschied zwischen der Sprache beider Rheinufer innerhalb dieser Grenze liegt in dem Singen, welches man sich beider= seits vorwirft, also in der besonderen Modulation des Vortrags, und in der Bildung der Deminutiv=

wörter, indem links die Endung — che bei weitem
vorherrscht, rechts aber die mehr an die schwäbische
Mundart erinnernden Endungen — el, — ele und
— le die gebräuchlichen sind. Außerdem sind die
Unterschiede höchst unbedeutend.

Die in der Abtheilung „Pfälzer Bauern"
gebrauchte Mundart ist nur in den Vocalen ab=
weichend; sie herrscht mehr auf dem platten Land;
speciell aber ist es die der Anwohner der Bergstraße,
des vorderen Odenwaldes und überhaupt die in dem
östlichen Gebirgs= und Hügelland gesprochene. Mit
Bestimmtheit, d. h. geschichtlich nachzuweisen, ob
der Unterschied beider von „der Cultur, die alle
Welt beleckt", oder von anderen Umständen herrührt,
bin ich nicht im Stande. Ich vermuthe Ersteres,
indem selbst der in der Gegend von Mainz herrschende
Bauerndialect, in dem uns Friedrich Lennig
(Etwas zum Lachen. Mainz bei Kirchheim, Schott
und Thielmann) so ergötzliche Gedichte hinterlassen
hat, in der Vocalisation große Uebereinstimmung
mit dem hiesigen hat.

Ich bin der Meinung, daß wenn man sich ein=
mal einer von der Schriftsprache abweichenden Mund=
art bedient, der Leser mit Fug und Recht erwarten
darf, ein Charakterbild des betreffenden Volksstam=
mes mit der Mühe des Verständnisses zu erkaufen;

Charakterzeichnungen, bei denen die Subjectivität
des Dichters möglichst bescheiden im Hintergrunde
bleiben muß. Wenn es mir geglückt sein sollte,
einige Züge des lebensfrischen, oft ausgelassenen
Humors, des derben Witzes, der Neigung zu bur=
lesken Neckereien dem Volke abzulauschen, so darf
ich auch bei Denen billiger Weise Entschuldigung
hoffen, welchen solche Dinge an und für sich zu=
wider sind. Denn gerade die Darstellung des Volkes
in seinem Denken, seinem Leben, seiner Ausdrucks=
weise, wie alles Dies nun einmal ist, war mein
Ziel. Für Aengstliche habe ich auf dem Zwischentitel
zur letzten Abtheilung ein Warnungszeichen aufgesteckt.

Mit einiger Zuversicht darf ich erwarten, als
der Mundart selbst vollkommen mächtig befunden
zu werden, was natürlich bei dem Eingebornen und
durch seinen Beruf als Anwalt mit dem Volke in
fortwährender Berührung Stehenden fast eine Noth=
wendigkeit zu nennen, wenigstens kein Verdienst ist.

Möge der wohlwollende Leser, wenn er das
Büchlein aus den Händen legt, mit mir sagen können:

Fröhlich Palz, Gott erhalts!

Inhaltsverzeichniss.

Pfälzer Bauern.

Einlading.

Kummt, ich führ üch runner in mein Keller,
   Dhut die Ehr mehr aû, versucht meiñ Weiñ!
Kuschtert noch der Raih aus alle Fässer,
Aaner werd geringer, aaner besser,
   Uñgsund awwer, denk i, soll üch kaaner seiñ.

's sin halt Landweiñ, wie se bei uns wachse,
   Aaner leicht, der anner rasch und derb;
Könnt 'r singe druf und fröhlich lache,
Dhut 'r mer kaañ saure Gsichter mache,
   Waaß i aa, sie sin nit all ganz schlecht und herb.

's muß was Bsunners in de Rewe laihe,
   Daß mar vun dem Bau nit 'losse kann.
Wär meiñ Keller leer, und i ging hinner,
Wär mers, glaw i, als hädd ich kaañ Kinner,
   I dhät maaue, i wär gar kaañ rechder Mann.

Hot mar 'n Wingart, dhut mar Rewe baue,
   Isch der Weiñ im Keller aam seiñ Kind;
Dorum probt jetzt ihr emol meiñ Fässer,
Fremme Aage sehe alsfort besser,
   Dann die Vadderlieb, sell waaß mar, isch oft blind!

's babb Alles nix.

Im Summer isch mein Mahdel roth un braun,
    Im Winder isch se blüdheweiß;
Im Summer isch ihr Herz so zäh wie büche Holz,
    Un Winders kalt wie Schnee un Eis.

Mein Nochbar drüuwe isch e growwer growwer Schmidt,
    Der nimmt en Hammer groß un schwer,
Packt's Eise mit der Zang un hämmerts wie er will, —
    Wann nor mein Mahdel Eise wär!

Sein Feuer blost der Schmidt mim Blosbalg an,
    Un brummt der Balg, do brennts aa g'schwind;
Doch was i aa mein braune Mahdel sing und sag,
    's isch Alles Alles in de Wind!

Wann die Nachdigalle Baurebuwe wäre?

Jetz erscht waaß i 's, jetz erscht glaaw i 's,
    Was mar in de Lieder singt.
Jetz erscht glaaw i 's, dann jetz waaß i 's,
    Daß die Lieb aam Schmerze bringt.

Wär' ich e Dummpaff oddr e Käutzel,
    Daß i traurig peife könnt, —
Ich wollt jetz e Liedel peife,
    Wie die Lieb aam schticht und brennt!

Ich wollt peife jetz e Liedel,
    Wie 's aam drückt un brennt un schticht,

Wamm mar, Aaner gege Zehne,
  Um die Lieb sein Prüchel kriecht!

Nachdigalle dhune schlage,
  Daß 's dorch Berg un Dhäler klingt, —
Unser Baurebuwe awwer,
  Daß aam's Herz im Leib verschpringt.

Nachdigalle hör i schlage,
  Daß 's dorch Berg und Dhäler schallt;
Nachdigalle! wärt ihr Baure,
  I ging nimmer in de Wald!

Jetz erscht waaß i 's, jetz erscht glaaw i 's,
  Was mar in de Lieder singt.
Jetz erscht glaaw i 's, dann jetz waaß i 's
  Was die Lieb for Schmerze bringt!

Loß de Lade nor zu!

Meim Vadder sein Häusel
  Hot hinne kaan Wänd,
Es hot se 'm gescht Owend
  E Gaasbock neing'rennt.

Wanns Häusel kaan Wänd hot,
  Do kann mar gut naus,
Un scheint aa der Mond nit,
  Finn i doch noch ihr Haus.

Lalalaila, lalaila
　　Sing i do die ganz Nacht,
Ob mein Schatz in ihr'm Bett drin
　　Nit ebber ufwacht.

E Gaasbock im Gaarde,
　　Frißt's Laab un frißt's Gras,
Un mein Mahdel schlägt de Lade
　　Mer zu vor der Nas.

Im Gaarde schtehne Blume,
　　Schteht e Busch Rossemrein,
Un wo i raus bin kumme,
　　Schlubb i aa widder nein.

Un mit Schtroh un mit Lahme
　　Flickt mein Vadder sein Wänd,
Un i helf se'm verschmeere,
　　Mit der Lieb ischs am End.

Lalalaila, brauns Mahdel,
　　Loß de Lade nor zu,
Dann i werr jetz e Reider
　　Un vor mir hoscht du Ruh.

Mein Trauweprob.

Dhut Sankt Michel Budde trage,
　　Werds em waarm im Sunnescheiñ,
Kann kaañ Bauer sich beklage,
　　Dann do git's en gude Weiñ.

Schpringe Raaf ab vun de Dauwe
　　An der Brenk im Wingartzpad,
Do sin zuckrig aa die Trauwe
　　Un der Moscht e wohrer Schtaat.

Un wann zuckrig sin die Beere,
　　Babbt aam in der Hand die Hoob,
Un doch git's, i kann druf schwöre,
　　Noch e bessri Trauweprob.

Wann se süß sin, dann is babbig
　　Aa des Mäulche, wo ich maan,
Un e Kuß die Prob, — 's wär dabbig,
　　Nähm ich im Varbeigehn kaan.

Alle Kamerade küsse
　　Jo ihr Mahdle frank un frei,
Un die Alde dörfe's wisse,　　　　　·
　　Dofor isch's heut Herbscht, juchhei!

's isch jo nit erscht jetz erfunne,
　　's war schun so zu ihrer Zeit,
Un e mancher alder Kunne
　　Dhät recht geern noch küsse heut.

Alder Wein dhut jo noch treiwe
　　Un kümmt nit ans Dageslicht;
Un e Borsch sollt ruhig bleiwe,
　　Wann er liewe Mahdle sicht?

's welsch Geblüt un seiñ Altmodder.

Do laiht des Büwele un lacht
　Un rüft: Abba! so wohlgemuth: ·
Ach Gott, des will schun in die Welt!
　's isch halt Franzoseblut!

Wann's älder werd, der klaane Kerl,
　's isch aam schun angscht, wie's do noch geht,
Wann's aam do vorwelscht uf Französch,
　Wo Kaans vun uns verschteht!

Waaß Gott, des isch mer oft zu rund, —
　· Meiñ Mahdel kann noch heut kaañ Wort —
Wie die den nor verschtanne hot
　Allaans im ganze Ort?

Ich hewwen jo doch grad so lang
　Wie meiñ Kathrine welsche ghört;
Do isch aañ Wort wie's anner gweßt,
　Mich hobber nit bedhört!

's haaßt als bei uns gemaaniglich:
　„Der Abbel fällt nit weit vum Schtamm";
Isch des so wohr, sächt aa der Klaañ
　Zu mir e Mol: „Madamm".

Un hör i's erschtmol so e Wort,
　Hol ich beim Doctor was for's Kind,
Wo des Französch em rausporgirt
　So nöch un nöch gelind.

For jeden Umschtand uf der Welt
   Waaß der jo, was mar aam verschreibt,
Der hot gewiß aach ebbes noch,
   Wo's welsch Geblüt vertreibt.

Wär's dann nit schad, wann's Büwele,
   Wie's jetz so lieb un herzig -isch,
Müßt ewig e Französel sein,
   So e welscher Fledderwisch?

E landwerthschaftlich Fescht.

1.

I waaß nit was i soll denke
   Bun de Herren aus der Schtadt,
So viel Geld do dran zu henke,
   Wo's kaan Mensche doch nix babb.

Geschtert sin se gfahre kumme
   In dem Rehe un dem Dreck
All mit frisch gewickste Schtiffel
   Un in schwarze Schpazefräck!

Voraus uffem erschte Wage
   War e Musigandeband,
Hinnenoch die Herren-Baure
   Aus'm ganze Pälzerland.

Uf der Wiß draus war e Kanzel,
   Uf der Kanzel war e Sens,

Reche, Sichle, Flechel, Fahne,
 Schpade, Karscht un Blummekränz.

Maulkörb, Welschkorn, Fuhrmannsschelle,
 Kinnerplüg, e Weißzeug-Mang,
Beitsche, Garwe, Bierebrecher,
 Riewe, zehe Ehle lang, —

Schträng un Säbbel, Joch un Kummet,
 Krebs, Kardoffle, groß un klaa,
Reddig, Trauwe, Kerngugumre,
 Un e Windmühl hinnedrah.

Un e Herr mit gele Händsching
 Hot sich uf die Kanzel gschtellt
Un gepreddigt wie e Parre,
 Wann er Aam sei Grabredd hält.

Was er gsaht hot, waaß i nimmer,
 Dann 's war hochdeutsch un gelehrt,
Wie se in der Schul jetz redde,
 Un hot ewig lang gewährt.

Aans nor heww i gut verschtanne,
 's war em halt aa gar nix recht,
Alles, hot'r gsaht, wär nixnutz,
 Wie mar's bei uns Baure mächt.

Wie mer zackre, wie mer säe,
 Uewwer Alles ohne End
Hot der Herr mit seine Händsching
 Uns gezankt un runnergschändt.

Ja i glaab, er hätt zwaa Schtund noch
    Fortgemacht un pererirt,
Hätt'r nit bis auf die Haut neiñ
    Dorch sein Frack de Rehe gschpürt.

Wie er gschpürt hot, daß er naß isch,
    Mächt er uns e Cumpliment,
Mächt die Musik zinnrabummra,
    Un do war die Gschicht am End.

2.

Beim Dreikönigwerth im Danzsaal,
    Ja was maant'r daß do war?
Wart nor, ich will's üch verzähle,
    Hebb mich dodt gelacht schier gar.

Dromme war e langi Tafel,
    Wie zum Esse frisch gedeckt;
Ich bin nuf, hebb wolle sehe,
    Wie de Herrn ihr Schobbe schmeckt.

Nix do! 's war kaañ Glas zu sehe,
    Nix als Deller vun Borzlan,
Un hot gschtunke un geroche —
    Schier zu arg for Unseraañ.

Un was war uf all de Deller?
    Herr meiñs Lebens, der du bischt!
Dorch die Bank uf jedem Deller
    War so ernd e Maul voll Mischt.

Mischt vun Pferd un Hund un Ochse,
  Mischt vun Gaase, Schoof un Schwein,
Vöchelsdreck, un waaß der Guckuk
  Was for Zeug noch owwedrein!

Dorch sein grüni Brill hot's Aaner
  Vorgelese vum Babeer
Un de Herrn zu rieche gewwe,
  Well der bescht vun alle wär.

Aan Sort — so e trucke Bulver,
  Schier wie Kleie oder Grieß —
Hot'r gsaht, des wär der vornehmscht,
  Dann 's wär Kunschtmischt aus Baris.

Un des könnt mar gar nit bschreiwe,
  Was so Kunschtmischt, — hot 'r gsaht —
Gut dhät dünge un nit schtinke,
  Naan, des wär der helle Schtaat!

Ich hebb so gedenkt im Schtille
  Un for mich gsaht in meim Eck:
„Gell, dein Babber war e Häffner,
  Drum verschtehscht aa so de Dreck!"

Uewwerdem do war er ferbig,
  Bückt sich, mächt sein Cumpliment,
Mächt die Musik zinnrabummra,
  Un do war die Gschicht am End.

3.

Wann mar sicht daß Annre lumbe,
  Lumpt mar halt als aach emol,
Mir henn hunnedrin getrunke,
  Un do war's uns erdewohl.

Mir henn gsunge, die geprebbigt, —
  's mächt's halt Jeder wie 's 'm gfallt;
Mir henn neue Weiñ getrunke,
  Un die Herrn vun dem wo knallt.

Un wann's browwe an der Dafel
  Hot gerufe: Vivat hoch!
Hemmer hunne aach añgschtoße
  Un gekrische: 's kümmt aans noch!

Schpäder sin se ufgebroche,
  Hewwe zwaa un zwaa sich gführt;
Kaaner hot jetz mer de Rehe,
  Nor de Weiñ hot mancher gschpürt.

Draus, hemm mir gedenkt, werd's Middags
  Wibber wie heut Morgens seiñ,
Besser isch's, mar trinkt im Trudne
  Noch en Schobbe gude Weiñ.

Kümmt meiñ klaaner Peder g'schprunge
  Un sächt: Vadder, macht nor gschwind,
's hot e Judd e Sau gewunne,
  Un e Schleierdam e Flint.

Sinuner wibder naus minanner
   Zu de Herren uf die Wiß,
Do war werklich um Lottrielos
   Wie um's däglich Brod 's Geriß.

Uf der Kanzel vor der Windmühl
   War e babbedeckel Rad,
Aaner als Hansworscht verbutzelt
   Hot's im Kraas rum g'schwunge grad.

Un wie's wibder schtill isch gschtanne,
   Kümmt darhinne vor e Kind,
Nimmt en Zeddel aus dem Rad raus,
   Wie mar guckt, do haaßt's: gewinnt!

Wie i g'frogt hebb: wer gewinnt dann?
   Haaßt's: der Doktor Heidebenz;
Un do war e groß Gelächder,
   Sein Gewinner war — e Sens!

Judde Säu, die Doktor Sense,
   Des isch, denk i, recht verkehrt;
Doch will ich jetz aach aans setze,
   Ob's nit mir was Gscheidters bschert.

Unner uns gsaht heww i's gschpitzt ghatt
   Uf die schön braunsfalche Kuh,
Wo noch do war zu gewinne,
   Un e prächbig Kalb darzu.

's Loos koscht numme dreißig Kreuzer,
   Heww i so for mich gedenkt,

Un wann du die Kuh gewinnscht, war
's Geld nit ummesunscht draß ghenkt.

Mancher hot was schöns gewunne,
Viel was dumms, un noch mehr nix;
Wie meiß Loos isch g'lese worre,
Gwinnts e klaani weißi Büchs.

Wie mer's Goldbabeer weggmache,
Do wars roserodher Schmalz
Odder Budder, gut zu rieche,
Awwer nit aaß Körndel Salz.

I hebbs gleich meim klaane Peder
Uf seiß Brod im Aerger gschmiert
Un en Brocke selwer gesse,
Un hebb gschändt un räsenirt.

Dreißig saure Kreuzer, sag i,
For e Maul voll rodhe Schmalz!
's riecht aam, sag i, 's Bergemotöl
Noch drei Däg lang aus 'm Hals!

Un e Herr mit Stern und Bändel
Hot mi g'rufe un hot gsaht:
„Des war nix uf's Brod zu schtreiche,
's war e seini Hoorbummad."

Wie die annre Herrn des höre,
Do batscht Alles in die Händ,
Mächt die Musik zinnrabummra, —
Domit war des Fescht am End.

Fort isch Alles wibber gfahre,
   Gibscht mer nix, so hoscht de nix!
Un mein aanzig Ãngedenke
   Isch die leer borzlane Büchs.

Jo doch, aans noch, — 's isch im Kopp mer
   Sibber geschtert schwer un dumm,
Un i hör nix mehr als: zinnra
   Zinnra zinnra bum bum bum!

I muß Blei heut gieße.

Soll i heire wibber, soll i heire wibber?
   Soll i, soll i, obber nit?
Soll i Wibbib bleive, soll i Wibbib bleive?
   Soll i Wittfra bleive, obber nit?

Sanct Andrees, i muß mi halt an dich jetz wenne
   Heut in deiner heilge Nacht,
Daß i waaß, warum mein aarmi Wibbibsbettlad
   So erbärmlich alsfort grahnzt un kracht.

Dhut vielleicht mein selger Hanniklaus sich melde,
   Daß er ball mich hole will?
Obber dhut e Borsch als an die Wibbib denke,
   Wo mi geern hot ganz in aller Schtill?

I muß Blei heut schmelze, i muß Blei heut gieße,
   's isch jo heut die heilig Nacht,
Un umsunscht hot nit schun ganze Nächt mein Bettlad
   So gegrahnzt, so gseufzt un so gekracht!

Wann i gieß, und was i gieß des isch lewendig,
　Do bedeutts en Mann ins Haus!
Wann i gieß, und was i gieß isch nit lewendig,
　Trächt mar mich als dodi Widdib naus.

Gieß i Engel, kumme Mensche, Gäulcher, Ochse,
　Hünkle odder Hahne raus,
Schunke odder Wörscht, Trumbede odder Geige,
　Alles das bedeut en Mann ins Haus!

Gieß i Gaaßböck, Scheere odder Bücheleise, —
　Naan, den Schneider mag i nit;
Gieß i Säwel, Trummle, Schpore un Kanone,
　Ja, dann glaw i, daß 's ball Hochzich git!

Sanct Andrees, dich ruf i an, helf du mer gieße
　Heut in deiner heilge Nacht;
Gieß was Guts, daß i brauch nimmer zu verschrecke,
　Wann emol mein Bettlad widder kracht!

───── ⌇⌇⌇ ─────

Ob im Himmel ewig Eernd isch?

Ach! i hebb 's doch ball genuch,
　Reps un Korn un Schpelz zu schneide!
Wer des waaß, was 's Eernte isch,
　Waaß aa, was mir Baure leide.

's isch der Fluch vum Adam her,
　Daß mar säe muß un zackre,
In der haaße Summerszeit
　Uf de Felder ab sich rackre.

Un doch förcht i schier de Himmel,
 Mag so blindlings nig grad neiß;
Dann der Parre hot·gepreddigt:
 „Dort wird ewig Ernte sein.“

„Ewig wird die Saat dort reisen,
 Dort wird ewig Ernte sein.“ —
Naaß! i mag no nit in Himmel,
 Erscht soll der Herr Parre neiß!

Ischt der dromwe, un sihcht schneide,
 Gits aa dort e weltsi Zucht,
Wie dohunne jeden Summer,
 Um seiß liewi Zehentfrucht.

Wann 's dann ewig dromwe Eernd isch
 Un seiß Preddige sin wohr,
Wedderd er aa midden dromwe
 Um seiß Garwe 's ganze Johr.

Dunnerts also dann nit ewig,
 Eernt mar aa nit ohne End,
Muß i aa nit ewig schneide
 Un mach geern mein Teschtament.

Die letscht Sylvesternacht.

Sunndags, wann die Flocke fliege
 Und der Wind im Schornschte brummt,
Sitzemer am waarme Offe,
 Bis der Nochbar zu mer kummt.

„Nochbar, 's geht noch Lützel=Sahse
„Zu 'me gude rodhe Weiñ;
„Letscht war Gascht bei uns meiñ Gvadder,
„Jetz soll ichs bei ihm heut seiñ.

„'s isch jo heut nix zu versaame,
„Setzt de Sehwegg uff un kummt!
„Evel, ihr hedd nix dargege,
„Wann Eu'r Mann heut Owend lumpt?

„Guckt, do isch der neu Kolenner,
„Belgrad und die Derkeschlacht;
„Maant mar nit, mar sihcht se feure?
„Maant mar nit, mar hört wie's kracht?

„Guckt, des anner Bild isch Frankfort,
„Un der Kaiser werd gekrönt;
„Daß er hiñ hot kumme könne,
„Hemmer an de Weg jo gfröhnt.“

Un die Mahdle un die Buwe
Gucke in Kolenner neiñ,
Un meiñ Ev sächt: „machs nor gnädig,
„Dann er werft, der neue Weiñ!“

Ach, do schlof ich in meim Bett drin,
Hebb getraamt vun annrer Zeit;
Dodt isch jo schun lang meiñ Evel,
Un die Kinner alde Leut!

's geht nimmehr nöch Lützel=Sahse
   Zu .'me gude robhe Weiñ;
Uf de Kerchhof dort am Buckel
   Werd meiñ weitschder Weg jetzt seiñ.

Du, Kathrine! Kumm noch zumer,
   Legen hiñ, dein klaane Bu;
Grüß dein Mann, grüß ah deiñ Brüder,
   Un jetz drück meiñ Aage zu.

Ich, un dort der alt Kolenner,
   Wann am Zwölfe 's Neujohr kracht,
Sin zu End! — Lebt wohl, ihr Kinner!
   's kümmt aach Eur Sylveschternacht!

E Wittfraa.

E Wittfraa mit neuñ Kinnerlin,
   Des waaß der liewe Herrgott jo!
Der liewe Herrgott hots gewollt,
   's isch g'schehe, 's isch emol halt so!

Neuñ Kinner, un kaañ Verdel Land,
   's war freilich gar e traurig Wort!
Ja, wann's Gewisse halt nit wär,
   Hädd ich nor achde, — aans wär fort.

Die Gräfin hot kaañ aanzig Kind
   Un 's sin so reiche reiche Leut;
Die hewwe um meiñ klaanschts gebhañ,
   Schier gar als wäre se nig gscheidt.

E Häusel un zwaa Aeckerlin
  Des hun se mer verschriwwe ghatt,
Wann ichen's Mahdche losse dhät,
  For sie un ihn an Kindesschtatt.

Un wie se's fortträcht uffem Aarm,
  Do fange se all zu schraie añ;
„Ach liewer Herrgott, heww ich gsaht,
  „Ach Gott, was heww ich do gedhañ!"

Un wie ihr Kutscher fahre will,
  Schtreckts noch seiñ Händlin nöch mer raus:
„O! liewi Gräfiñ! gnädger Herr!
  „I will kaañ Aecker un kaañ Haus, —

„I will meiñ Kind, i will meiñ Kind!
  „Der liewe Herrgott sorgt for mich;
„Er git aa ihre noch e Kind;
  „Wann sie en bidd, erbarmt er sich!"

O! Gott im Himmel! sei gelobt!
  I hebb meiñ Kind, i hebb des Haus,
Die Aeckerlin schun Johr un Dag,
  Un Niemand treibt uns widder raus!

Un was ich Ihr zum Troscht hebb gsaht,
  Un hebb nit viel darbei gedenkt,
Des werd jetz ballvoll werklich wohr;
  Der liebe Herrgott hot's gelenkt!

Leb wohl, mein Haamethland.

Noch blinne Rewe browwe aus'm Wingart
    Nemm ich mer mit for üwwers Meer,
Un 's Babbers Flint, un unser albi Biwel;
    Sunscht hewwi jo aa gar nix vunnem mehr!

Die Name schtehne drin vun all uns Kinner,
    Un Johr un Dag wie alt mer sin,
Un bo sein Leiblied vun de „gfangne Reider", —
    Un aa der Mobb'r ihr Dodesdag isch drin.

Schier maan i jetz, mar hätt nix mehr zu klage,
    Un Alles isch mer wie e Traam;
O! wann i drin bin, noch so weit im Land drin,
    Sin mein Gedanke widder all darhaam!

I maan, i müßt die Haameth frisch drin baue,
    En schtarke Bau, un schön un neu,
Wo Alles recht bran wär, un nix zu flicke,
    For alli Ewigkeit e schtolz Gebäu!

Ach 's isch e Traam! doch mag mar geern so traame,
    Do isch die Welt aam niemols leer.
Frischzu darbei die Händ gerührt, nig gschlofe!
    Des Wort soll unser Baß sein üwwers Meer.

Wann Schtormwind dorch die dunkel Nacht dorch sause,
    Un Wolke fliege in der Höh,
Do denk an uns, wie mir die Nächt dorch fahre
    Weit draus uf bere biefe dunkle See.

Un seid'r winterowends do beisamme,
 So denkt an uns, im Land so weit,
Wie mir aa drüwwe an üch ewig denke
 In Glück un Noth, in Fraad un Traurigkeit.

En frische Trunk gebt jetz noch her zum Abschied. —
 Ihr Brüder! All ihr Freund! Eur' Hand!
Lebt wohl — un Gott im Himmel soll üch bschütze!
 Leb wohl uf ewig, du, mein Vadderland!

Herr Christoph Hackstrumpf,

weiland

Schuhmacher und Volksredner, Particulier und Bürger-
grenadierhauptmann, Rathsherr und Inhaber einer
goldenen Schnupftabaksdose 2c.

Eine politische Idylle in dreizehn Bildern.

---

1. E Zweckrausch.

Ich gäb was drum, Fra Bas, könnt ich erfahre,
   Ob wol die Gäscht beim Welckers=Traktement
Dann all so bsoffe wie mein Chrischtoph ware,
   Der hot mer 's ganze Haus schier umgewendt!

Zwee hawwene gebrocht; — 's hot grad geklunge,
   Als könnde se nit recht zum Gässel reiñ,
So sin se g'schtolbert all un hawwe gsunge:
   „Nein, nein, sein Vaterland muß größer sein!"

Ich mach die Hausbhür uff, un plumps! do falle
   Se mir aa schun engege, uf ihr Bäuch,
Un fange añ zu dudle un zu lalle:
   „Kein Preußen fortan und kein Öfterreich!"

T. 22.

Allmählig sinn die Annre nausgegrawwelt,
  Mit Ach un Krach, die Achsle an der Wand, –
Un Er hot dogeleche un gezawwelt,
  Un g'sunge: „Stehe fest, mein Vaterland!"

„Könnscht du nor selber schtehn, du kleener Zabbe!"
  Haww ich gedenkt, un unsern Gsell geweckt;
Der is nit faul, un krichd en an de Labbe
  Un reißt en uf, – des hobb em gar nix gschmeckt!

Kaum schteht er, schießt er hinner in de Schobbe;
  's is allerhand dort, – unner Annerm aach
E Sack voll Welschkorn, for die Gäns zu schtobbe; –
  Uf eemol dhut's en mörderliche Schlag.

Un glei druf höremer mein Chrischtoph sage:
  „Sie großer teutscher Hofrath! – edler Mann,
„Der Sie die schöne Motione mache!
  „Wie fröt 's mich, daß ich Sie heut küsse kann!"

Do war die Redd vun Landwehr un Kanone,
  Vum Bolizeischtaat, vum Beamteschtand,
Ukase, Schere, Becher, Bürgerkrone,
  Vun Freiheit un vum große Vadderland.

Un wie mer gucke, hot mein voller Schode
  Im Aarm den schwere volle Welschkornsack
Un wälzt im Dreck sich middem uffem Bode,
  Daß 's jammerschad war for sein schwarze Frack.

Sunscht redd er als in seine Räusch vum Ramse,
　Vum Schlauch un Knöchle, Trump= un Schippe=Aß,
Un baß er Selle oder Jene durch wollt wamse,
　Mächt Zode odder sunscht en schmutzge Gschpaß.

Des Mol, — drum will ich's jo aa geern vergesse! —
　So arg 's aa war, 's war doch e nobler Brand;
Er hot's schun vorher g'sacht: „beim Welckers=Esse
　„Sauf ich mer 'n Rausch for's deutsche Vabberland.“

Seiñ letschti Redd im Schlof war noch: „der Welcker
　„Er lebe hoch! — Sauft aus und stoßet an!
Der un der Jtzstein lehre jetz die Völker;
　Er lebe hoch, der edle teutsche Mann!“

　　　　　　～～～～～

2. Vorwärts.

　　Ich habb's geahnt,
Ich bin zu ebbes Annrem noch gebore
Als Bech zu rieche ewig uf dem Schtuhl!
Meiñ Hern war trüwer Moscht, jetz hot's vergohre,
Jetz is es klor, — bis geschtern war's noch Puhl.

　　　Wer in Baris,
Wie ich, die Mesalliance französch hot gsunge,
Schterbt nit als Mensch un simpler Granadier;
Wer dort sein Hut hot for die Freiheit gschwunge
Der werd was bessers noch, als Schuschter hier!

　　　Seit sellemol
Wie ich 'm Lafayett seim Laiblakaie

Des Paar frisch gsohlde Schtiffel habb gebrocht,
Schpür ich schun in mer alle Freiheitsweihe,
Seit sellemol hot's schtill do drin gekocht.

Wer uffem Schubb,
Als Märdyrer der guden Sache,
Maskirde Baurebuwe an der Seit,
Bis an die Grenz de Weg hot müsse mache,
Der werd noch vorrem Schwowealder gscheidt!

Jetz weeß ich 's erscht!
Ich bin ein Mensch, — ein teutscher Mann, — ein Bürger,
Dausch nit mit dir, des Nordens Automat,
Satrapospotenknecht, der Freiheit Würger,
Der du die Geißel schwingst im Ksclavenschtaat!

Des war e Schmaus!
Des is e Mann! der kann die Wohrheit schpreche! —
Wie wann e Karussel im Kringel geht,
Un Buwe uf den Mohrekopp neinschteche,
So gschmiert un rund un treffend is sein Red.

Wie Kinner als
An so 'me Nüremberger Käschtel dubbe,
Un — flapps! schpringt unnerm Deckel vor e Maus,
So is 's bei dem; kaam braucht marn nor zu schtubbe,
Do gehts em aarmsdick glei' zum Hals eraus!

Die Tyrannei,
Des is for ihn der Mohrekopp zum Ziele,
Wann er als Redner uf seim Schlachtroß sitzt,

Un, sächt 'r, in der Freiheit Kampfgewühle
For Licht und Recht sein Herzbluttrobbe schwitzt.

Die Tyrannei?
Die is aach hier in unsrer Schtadt zu finne!
E fremder Kerl flickt jetzt die Schpritzeschläuch!
Jetzt werre se nabürlich nimmer rinne,
Die Schtadt werd üwwer Nacht vum Schpare reich!

Doch nor Geduld!
's muß teutscher Geischt jetzt nein in die Finanze;
Ich werr was redde künftig, eh ich zahl!
Ich will den alde Schtadtrath rumkoranze,
Die sin die Kälwer, ich e g'schliffner Schtahl!

Packt ein, ihr Herrn!
Ich habb 's jetz los e scharfi Red zu halde,
Mein Zung is frei und sauwer is die Bruscht;
Euch alde Runzelgsichder voller Falde,
Euch fortzubunnre is mein Herzensluscht!

3. Wie mar sich erre kann.

(Vor einem Bilderladen.)

Dief im Gsicht sein Kabbeschild vum Ledder,
Aus de Aage glotzt e Dunnerwedder,
    In der Hand e Cigarr luschtig brennt; —
's is e Cunderfei vum deutsche Michel,
Wie er mit sein krumme eechne Prüchel
    Uf der Bierbank sitzt un sauft un schändt.

's gribbt en was, des leßt marm in be Aage!
Muß 'r villeicht e Pälzer Cigarr raache?
   Is villeicht seiñ Bier zu düñn gebraut?
Odder sicht er hinne in de Ecke
Gheeme Bolizeischbione schtecke,
   Daß er still sein Aerger nunnerkaut?

Odder? — — Sabberment! do les ich 's ewe,
's is der Hoffmann so vun Fallerslewe,
   Wie er dosißt wann er mid uns kneipt.
Ja! des is er mit seim Cigarrschtumbe!
Schtünd noch newe uffem Disch e Humbe,
   Wär er 's ganz so wie er lebt un leibt!

Ja, gundach! jeß peift's aus annre Löcher!
Was e Dummheit vun mer, so en Mächer
   For de Vedder Michel añzusehñ!
Halt! — des sin gewiß verborgne Zeeche,
Dhut mar do de rechde Sinn neiñlege,
   Is des Bildniß noch emol so schöñ!

Seiñ Cigarr —? bedeutt des Freiheitsfeuer,
Wo er ütwweraal mit seiner Leier
   Añzündt in de Köbb so hell un heeß, —
Un seiñ Schtock, daß er servile Lumbe
Un Tyranne orntlich durchzubumbe,
   In die Pann des Zeug zu haue weeß.

Un die Kabb, gepuscht vum Baureschneider,
Die bedeutt, wann ich's verschteh, nix weider,

Als die jetzig Landplog, die Censur!
Dörft er nor des Schild e bissel lubbe,
Dausend Lerche dhäde do rausschlubbe,
   Ça ira singe durch die deutsche Flur.

Was mar'n drucke loßt, sin Lumbereie,
Un es muß en öfders bidder reue,
   Das er jemols ebbes hot gedichtt.
Die Censore hobb er uf der Kreide, —
Was der Mann schun do hot müsse leide!
   Woher käm aa sunscht des bäremäsig Gsicht?

4. Die Preßfreiheit hoch!

Jetz bring aach ich en Trinkschpruch aus!
Dann des muß sein bei jedem Schmaus,
Un üwwerm allerfeinschte Middagesse
Dörf mar's Redehalte nit vergesse;
Des is jo doch's Eenzige, in was mir
Uns unnerscheide im Lewe vum Ochs un Schtier;
Fresse un saufe kann aach e Gaul,
Mar bindt em de Hawwersack vor's Maul;
So kummemer die Mensche vor, die brave, schtille,
Wo ohne e gsinnungsbüchdig Wort die Bäuch sich fülle.
   Wamm mar awwer, wie mir, vun der Lewwer wegg,
               frisch,
E Red hot ghalde üwwerm Middagsdisch,
Do möcht mar aach am annre Morge mit Verschtand
Sein Dagblatt nemme in die Hand,
Un sehe un lese, wie sich die Red

Schwarz uf weiß gedruckt ausnehme dhät.
Gut! awwer, ihr liewwe Freund', wie is des
Menschemöglich ohne freii Preß?
Drum gilt meiñ feuriger Trinkschpruch heut
Unserm höchschte Gut, — der Preßfreiheit! —

Ja, awwer meent 'r die Preß wär schun frei,
Wann, — añgenumme — aach alle Censore
Im Pefferland sich hädde verloffe uñ verlore?
Ja! proßt der Mohlzeit! — nōch e Wochener drei
Kummt mime Billet so süß wie Zucker,
Die Rechnung vum Redacteur odder Drucker;
Do heeßt's: „for Ihr Redd, wo so viel Beifall hot gfunne,
„Beliewe Se e kleeni Noda hier unne",
Un for dem Herrn seiñ Inserationsgebühr
Zahlt mar e Guldener drei odder vier!
So lang des so is, heeßt's halt: Heu odder Schtroh!
Zwickt mar dich so nit, zwickt mar dich so!
Endwedder schtreiche 's die liebe Censore,
Odder der Bläddelsdrucker packt dich bei de Ohre.
Die Eene siñ Mörder mit ihre große Scheere,
Die Annre dhun de Verkehr wie die Raubridder schtöre,
Un erhewe vum Gedankeschiff schwere Zoll,
Wo üwweraal frei doch bassire soll. —
Drum ruf ich: fort die mordgierige Censore!
Fort alle Bläddelsdrucker un Redactore!
Fort mit Selle, wo uñgeborne Kinner fresse!
Fort mit Denne, wo die bludige Baße rauspresse!
Frei sei die Preß! Schtoßt añ, trinkt nōch:
Die Preßfreiheit soll lewe! Hoch!

5. 's Defizit.

Seitdem mein Mann im Ausschuß is
   Un bei der Cummiſſion,
Do leſt un ſchreibt un rechnet er,
   Als müßt er's in der Frohn.

Do kaut er an de Feddere,
   Un zählt, un ſubtrachirt,
Un ſeufzt, un ſächt zu jeder Schtund:
   „Des werd noch rausſchtudirt!"

Un frog ich: was dann? — ſächt'r: „guck,
   „Des Bidſcheh gfällt mer nit!"
Un's dribbe Wort, wann er was redt,
   Des is vum Defizit.

Un ſag ich em: „Du ſchaffſcht jo nix
   „Uf deiner Profeſſion", —
Do ſächt'r: „des is Borgerpflicht,
   „Die Ehr, des is mein Lohn!"

Un will ich Geld for Weck un Brob,
   Do ſächt'r: „loß mich gehn!
„Ich bin allweil am Defizit, —
   „Des kann uf Cundo ſchtehn."

Un forder ich em Geld for Fleeſch,
   Do ſächt'r: „geh, un borg,
„Des Defizit in unſrer Rent
   „Is jetz mein eenzigi Sorg."

Un geh ich owens in mein Bett
   Un sag: „kumm, Mann, geh mit!" —
Do grawwelt er sich hinnerm Ohr
   Un brummelt: „Defizit!"

Nachts traamt er nor vum Defizit
   Un schtrambelt mit de Been;
Der Kuckuk hol des Defizit!
   Ich wollt, ich schlief alleen.

Es is keen böser Mann, mein Mann,
   Er dappelt halt so mit,
Un ich hätt nix zu klage sunscht,
   Wär nit des Defizit.

Fraa Baas! wann Ihrer werd gewählt,
   Do leide Se's nor nit;
Die Ehr' wär freilich schun was werth,
   Alleen des Defizit!

6. E reichi Erbschaft.

Ob ich mein Handwerkszeug zum Fenschter naus
Habb gschmisse? — ja! glei nöch der Leicht wars draus,
Die Leeschte, 's Bech, der Schtuhl, die ahgefangne Schuh,
Der Schild vum Haus wegg un die Werkschtatt zu!
Seit geschtern bin ich Patrikükeljeh,
Un dhu de Händ nimmehr mim Schaffe weh;
For was hädd ich dann des geerbde Geld,
Wann ich mich fort un fort wollt ploge uf der Welt?

Der Kerchebiener, mit seim sebbe schwarze Krage,
Wie der ins Haus is kumme, 's Leed uns anzusage,
So sächt'r: „seit heut Nacht is's mim Herr Vedder all!
„Sie sin geschtorwe! — 's is e recht bedrübber Fall!"
Betrübt heeßts beiem, wann nix Orntlichs fällt;
Bei Reiche, wo er denkt: do gibts e schönes Geld,
Do sächt 'r: „o des is e harder Fall!"
Der hot halt, wie die annre Leut hier all,
Geglaabt, daß do nit viel zu hole wär, —
Jetz is er sufzig dausend baare Gulde schwer!
Ja, jetz — jetz zieche se vor mir de Hut,
Wo vorrem Meeschter Hackschtrump vorher gut,
Lang gut un sescht hot gsotze uffem Kopp,
Vorm Meeschter Hackschtrump, vor dem aarme Tropp!
   Jetz will 'ch en awwer aa darfor zum Bosse lewe,
Vorab de liewe Nochbarsleut do newe! —
Wie ich des mache will? des sollt 'r höre;
Die Schuschterei mag Annere ernähre!
Mim Meeschter Knierim is 's bei mir jetz aus!
E Balkan mit zwee Dhüre kummt ans Haus,
Die eeft for mich, die anner for meiñ Fraa,
Un Blumme druf, zur Summerszeit e Plaa,
Meiñ Zeidung in der Hand, im Maul die Peif,
So will ich naus mich setze breet un schteif
In meiner Unneform, un will mers gunne;
Ich will se ärgere, meiñ frühre Herren Kunne;
Mit Finger solle se uf mich jetz deube,
Un noch meim Häusel neidge Gsichder schneide.
Do schenkt mer künsbig jetz meiñ Fraa de Kaffee eiñ; —
Was muß e gsundi Luft uf so 'me Balkan seiñ!

Was kann mar do for Rede nunner halben,
Wie sich das öffentliche Leben soll gestalten!
Da brauche ich auf keinen Disch nicht mehr zu schpringen,
Wenn Tyranneien meinen Mund zum Schprechen zwingen,
Wenn freie staatsgefährliche Gedanken
Sich um das Vorrecht auf die Zunge zanken!
Do geh ich uf mein Balkan naus, un sag:
„Gut Heil, ihr Männer! guckt, es dämmert schun der Tag,
„An dem das constitutionelle Schtaatssystem
„Benebst Geschwornen, Landwehr un Assisen
„Und Aufklärung wird in die Blüthen schießen, —
„Wo nicht mehr ein finanzielles Ungeheuer
„Accis uns auferlegt und Hundesteuer!
„Und wenn mir's jemals in die Sinne kam,
„Daß ich, so lang ich lebe hier auf Erden,
„Wollt diesem meinem Grundsatz untreu werden,
„Do dörft ihr mich, so wahr ich Hackschtrump heiße,
„Von meinem Balkan runner in die Mischtkaut schmeiße!
„Tragt meine Rede nor ins Pandbuch eiñ,
„Un wenn ich je ein Jüstemillioner sollte seiñ,
„Do bringe du, mein Volk, nor uf der Schtell
„Meiñ Häusel zum Versteigern an die Schell,
„Un den Erlös verwende for die gute Sache,
„Damit 's nit Annre schpäder auch so mache!"
    Un uffem Rothhaus, was will ich do sege!
Was will ich do mich jetz an Lade lege!
Die solle luure jetz, wann „der verlumpt" —
Ja! „der verlumpte Chtrischtoph Hackschtrump"
                                    kummt!
Bei mir' gehts annerschter als wie bei Selle;

Erſcht ſin ſe gut un gſcheidt, un hawwe ſe Rathsherrn=
ſchtelle,
Do werre ſe allmählig grobb un dumm
Un dappe endlich als cumplebde Simpel rum;
Vorher do mache ſe Jedermann ihr Reverenz,
Als Rathsherrn ſin ſe Paſcha dun drei Eſelsſchwänz. —
Do g'hör ich neiñ! — 's is der geringſchte Lohn
For des was ich geleiſcht habb in der Cummiſſion,
Wie ich mich uſgeopfert habb ſchun hier
Als Menſch, als Ausſchuß, un als Bürgergranadier!

7. Der verfluchte Beſſzer!

(Vortrag im Ausſchuß.)

Ja, meine Herrn, mir hawwe uns zu bſchwere, —
    So ſchpielt mar einer Cummiſſion nit mit,
Wo hiñkummt uf die Rent, ſich zu belehre,
    Wies ſchteht mit unſrer Caſſa un mim Defizit.
Wann unſer Cummiſſion nit ventre à terre
Vor dem ſeim Schpitzhund ausgeriſſe wär, —
    Do häddemer villeicht jetz ſchun die Waſſerſcheu!

Der Hund wo an der Kaß is añgebunne,
    Des is e wüdhig Dhier, ſo kleeñ er is:
Der hädd uns beinoh 's Neujohr abgewunne,
    Dann grad ſo Beſſzer hawwe 's gefährlichſchte Gebiß!
Der hot gedobt an ſeiner lange Kedd,
Als wann er lauder Schtrauchdieb vor ſich hädd, —
    Des Ludersvieh is uf de Mann dreſſirt!

Der Herr Verrechner war schpaziere gauge,
　　Die Thüre uf, der Hund alleen im Haus;
Mir merke ball, do is nix anzufange,
　　Un drücke hinnerschlich uns widder sachde naus;
Die roth Canaille awwer is nit faul
Un reißt un zerrt un ziecht als wie e Gaul,
　　Un uf uns dar, un schleeft die Stadtkaß hinnewoch!

Mir sin die Schteege zsamme nunnergschprunge,
　　Dann Keener hot gebiffe wolle seiñ;
Der Hund, der kencht un ganzt, un hots gezwunge, —
　　Gerumbelt hots, mar hot gemeent des Haus fällt eiñ. —
Maffiv vun Eise is die schtädtisch Kaß,
Un der is nochgerennt mit uf die Gaß
　　Bis daß er heute is gebliwwe amme Eck!

Die Cummiffion kann also nit berichde,
　　Ob unser Schtadtkaß voll is odder leer;
Un sin so Usträg künfdig auszurichde,
　　Do möge annre Herre gehñ, — mir dhuns nimmehr;
Dann erscht verlange mir, als Cummiffion,
Vum Herrn Verrechner Sadisfaction,
　　Weil jeder Gaffebu uns angauzt jetz zum Uhz!

8. E Gardineprebdig.

So! also Hauptmann vun de Bürgergranadier!
Ei, guck emol! du bringschts zu was! ich grabbelir!
Gemeener erscht, dann Korporal, jetz Hauptmann gar!
Ich habbs schun lang gemerkt, daß dirs zu wenig war

Als ordinärer Narr 's Gewehr zu trage,
Keen Schtickerei zu hawwe uffem Krage;
Ja 's is halt schön! die abgenagde Schunkeknoche,
Der Kalbskopp drüwwer, hot dir in die Aage gschtoche, —
Un nib blos uf de Knöbb, aach uffem Hut!
's schteht freilich so 'me Mann wie dir gar gut! —
    Was sächscht de? „Dodteköbb un Rohrbeen?" —
                                        schäm dich doch!
Geh in der ganze Schtadt erum un frog,
Un sag: die Cumbanie will neu sich equibire,
Do werd euch Jeder rodhe: loßt euch Schwardemage
Un Lewwerwörscht un Blunze uf die Knöbb gravire,
Un saure Niere uf de Fahne schticke,
Un mit Kaßrolle trummle, wann ihr aus bhut rücke!
    Du willschst mer vum „Soldabedodt" was sage?
Is dein Herr Vorfahr aa vielleicht dran gschtorwe?
Ja, ganz gewiß! Er hot sich so verdorwe
An Faschtebretzle! — Hoscht nit selwer gsacht:
Wann Eener sich darhinner hätt gemacht, —
Mar hät nim Schtobberziecher des Schtück Bretzel kricht,
Wamm mar gewüßt hätt, daß es do grad licht?
Dofor habt ihr em aach ins Grab nein gschosse,
Der ganze Schtadt die Köbb volltrummle losse!
Letscht hoscht du selwer gsacht: „es war e Schwein",
Jetz is sein Schtall kaum leer, un du gehscht nein!
    „Fra Cabidänin?" — non! ich sag dodruf so nix
                                        als: Schtoffel!
Geh hin, kaaf Brodd ein mit dem Tibbel un Kardoffel! —
Ach Gott! wann doch em Mensche nit so schwer
Des erschte Kindsbech rauszutreiwe wär!

Dein Mudder selig hot mers mehr als eemool gsacht,
Was du als for e Amtsgsicht häscht gemacht,
Wann dich die annre Buwe wie en Affe
Zum König hawwe ausgerufe, un e rußge Haffe
Dir uf de Kobb g'schtulpt for e Kron, —
En albe Kochlöffel in die Hand gschteckt! — der Herr Sohn
Hot als sein eegni Mudder schier nimmehr gekennt;
Des geht der noch bis an dein selig End!

So! „'s koscht nit viel?" — Was soll ich dozu sage?
Du meenscht, die Erbschaft wär nit dorchzuschlage!
Neeñ, Gott bewahr! — du bischt e Rothschild! Millionär!
Dein Sack werd, wie im Mährle, niemols leer,
Du werscht jetz widder aach im Tilbury fahre,
Weil mir noch nie der Schtadtschpektakel ware! —
Mein, Chrischtoph, denkscht dann nimmer an des Bild,
Wo drunner schteht: „Ich frog jetz, was Europa gilt?"

„Sei schtill, sei schtill?" — Neeñ, grad nit
                                    schtill, Herr Cabidän!
Jetz sag ichs erscht recht, erscht recht, wie ichs meen.
Du sitzscht im Tilbury un lahnscht dich hinne wedder,
Die Händ sin nausgeplatscht ufs Schpritzeledder,
Mit schwarze Händsching, — alle zehe Finger
Voll Ring, — un du bischt gschpickt als wie e Has
Mit lauder Vorschteknodle un so annre Dinger,
Gemolt als Bullebeißer mit 're gschpaltne Nas,
Zum Maul raus hängt e Meerschaumpeif mit langem Rohr,
Un rechts als Kutscher sitzt e Mopsgsicht vumme Mohr,

„E Schmierer?" so! ei wüßt ich nor wo der jetz wär,
Der müßt mer aus Sibirie widder her,
De neugebackne Hauptmann noch Gebühre

Wie sellemol de Millionär zu borträdire!
„Zur Schtadt nausjage?" — geh mit deine Faxe!
Gell, dorum loßt ihr euch de Schnorrbart wachse,
Daß sich die Leut recht vor euch förchde solle?
E sauwer Corps! die Bäuch sin gschwolle,
Die korze dicke Häls; — die Beeñ sin krumm,
Un euer neue Schnorrbärt tragt 'r rum, —
Weescht wie? Wie'n alder kolleriger Gaul
Doschteht un schloft un hobb e Hampfel Heu im Maul,
So hängt ihr grad aach euer Schwellköbb vor,
Als wär e Centner Blei in deene Hoor.
Gell, ja, wie der Student vor euer Front is kumme
Un hot e Streichholz for seiñ Cigarr rausgenumme
Un hots am Flüchelmann seim Schtachelbart geriwwe
Un hot sich's añgezündt, — un der is schtehñ gebliwwe
Un hot gegloßt, genießt, un Alles hot gelacht, —
Bischt du nit kumme Owends un hoscht giacht:
„So was soll uns nimmehr bassire!
„'s is b'schlosse: 's ganze Corps loßt sich rasire?"
Hots was genutzt? — 's is kaum e Verdeljohr
Un eure Mäuler schtehne widder voller Hoor;
Nadürlich! alle Mädle sin in euch verlibt,
Weil so e Bart em Mann was Gravidädisch's gibt,
Grad wie vor Zeide als e dicker Zopp
En Rathsherrn hot gemacht aus jedem Eselskopp.
Die Hase hawwe Hoor im Gsicht — so gut wie ihr, —
Die werren aach am End noch Bürgergranadier!
    Hättscht du die Hoor als nor uf deine Zähñ,
Do könnscht mit Ehre doch uf's Rothhaus gehñ!
Weescht, was mar sächt? du dhäscht als, wie e Fülle

Odder gar wie junscht was wiehere un brülle,
Un wann de ferdig wärscht, do wüßt mar nit
Vor lauder Gschwätz, was anzufange mit.
   „Wer sächt des?" — ja! des werr ich dir jetz sage!
Mit dem dhäscht du dich uf Pischtole schlage!
Neeñ doch! das dhäscht du nit! — des dhun nor Gawwelier,
Des dhut keeñ braver Bürgergranadier!
Der muß sich schpare, muß noch Rothsherr werre,
Im grüne Lahnesessel 's Maul uffchperre,
Muß schöne Rede halte, Vorschläg mache
Zum Brückebau, — nit wohr? un wann die Leut aa lache,
Was dhuts? nit wohr? „Herr Chrischtoph Defizit",
                                                         was dhuts?
Mar muß sich opfre! — 's Lache hot doch aa feiñ Guts,
Vorab for den wo lacht! — Seh ich die Brück,
Do denk ich immer an deiñ Cummission zurück,
Wie du so gravidädisch bischt ufs Rothhaus gange,
Als häscht de in deim Hut de Weisheitsvochel gfange:
„Ihr Herren, ich bericht jetz üwwers Defizit" —
O! schnarch du nor! ich weeß, du schloßscht noch nit! —
„Ich hawwe sicher Middel gfunne for die Schulde:
„Die Brück trägt jährlich zehdausend Gulde", —
Noñ Chrischtoph, helf mer doch die Nuß ufkaue! —
„Mir brauche also nor e zweddi newedräñ zu
                                           baue", —
Du brummnischt? is 's so nit recht? — curgir mich nor!
„Do hammer zwanzigdausend" — ei so knorr! —
Ja, gell! hättscht du zu mir e Wort als vorher gsacht,
Hättscht du dich nicht so lächerlich gemacht! —
Schnarch du in Gottes Name wie e Schreinerssäg,

'z is morge noch e Dag, — die Woch hot siwwe Däg,
Un du muscht all dein Sünde vun mer höre;·
Ich habb de Krobb jetz voll un will dich lehre
Zu bhun als hättscht um mich dich nix zu schere; —
Hansworschtelshauptmann werre ohne daß ichs weeß!
Wart nor, Herr Hauptmann, ich mach bir die Höll jetz
heeß!
Auswärts do sächt mar nix als Guts vun so 'me Lobbel, —
Dofor krichscht du darheem dein Fett! — Wart nor bis
morge,
Do wollemer des Ding noch weider bsorge!

9. Ich bin doch der Gscheidtscht vun Alle.

Heut hammer uns was abgedischbedirt,
Un 's hobb am End vum Lied zu gar nix gführt,
    Dann wie mar gsucht hot, war keen Kreide do;
Ich hätt 's en noch der regula de tri
Mit Kreide vorgerechnet ohne Müh, —
    Mit Fedd'r un Dinde kann mar's nit eso!

Der schtribbig Fall war korz zu sage der,
Ob's Brennöl odder 's Wasser schwerer wär, —
    Dorüwwer hot der Schtadtrath abgschtimmt heut;
Sechs wore do fors Wasser, sechs fors Oel,
Der Burgemeeschter sächt: „ich for mein Dheel
    „Verlang bis morge Uewwerlegungszeit.“

Es kummt, genau betracht't, nix bodruf an,
Bei dem Fall muß die Regul Detri dran;

„Wann e Gaul sein zwanzig Zentner Wasser ziecht —
So heeßt die Ufgab eegentlich — „wie viel
„Trägt do e schtarker Esel aus der Mühl
„An Oel, wann 's Fässel grad en Zentner wiegt?"

Beim Rechne awwer werb's de Herre bang,
Un 's bleibt keen Eenziger gern bei der Schtang,
Wann ich mein Kreide rausnemm un mein Brill;
Do werd ins Blooe neiß gebischbedirt
Un à la Schnubbelbutz veraccordirt,
Dann 's g'schicht halt was der Burgemeeschter will!

So geht 's aa wibber mit der Brennölgschicht!
Ich wett druf, daß 's sein Mann zu fahre kricht;
Wann er was will, do hobber halt sein Kobb,
Do muß aa 's Wasser schwerer sein als Oel,
Un weiß der Offeruß, un schwarz des Mehl, —
Un owwedreiß werd er barbei noch grobb!

Ich habb 's em awwer gradaus gsacht in's Gsicht:
„Herr Burgemeeschter! 's Oel hot mehr Gewicht;
„Ich kenn die Sach nit erscht vun geschtern her!
„Was wohr is, bleibt in Ewigkeit noch wohr;
„Ich besorg 's Laberneöl schun ball zwee Johr, —
„Was is e Zehe-Zentnerfaß so schwer!

„Un woher wißt ihr Herre dann so bschtimmt,
„Daß werklich 's Oel aach uffem Wasser schwimmt?
„Ja schön! wann 's schwimme soll, do is es aus!
„Vergange erscht hots g'schtanne im Journal,

„E ganzes Schiff voll Oel wär im Canal
„Verjunke in de Grund mit Mann un Maus.

„Ihr redt mer dumme Nachtlicht imme Glas,
„Des Nachtlicht reibt ihr mir do unn'r die Naz?
„'s is niț! — Ah! Nachtlicht hiñ un Nachtlicht her, —
„Wann 's Brennöl nit hätt mehr Gewicht,
„Do hätt's des Wasser niemols nunner kricht; —
„Ja, ich behaupt: 's is noch emol so schwer!

„Wann Eener dick un fett is, wie e Dol,
„En Annrer mager, un seiñ Backe hohl, —
„Wer ist der schwerscht? der Dick! ich bied e Wett!
„E Wassersupp, die heeßt mar dünn un scheel,
„Herngege sächt mar: 's laaft so dick wie Oel —
„Also is 's Oel aa schwerer, — dann 's is fett!

„Des, meine Herrn, is aach der wohre Grund,
„Warum in unsrer Schtadt bis uf die Schtund
„En Esel 's schtädtisch Brennöl hole muß;
„Zum Schlebbe is e Grooer gar viel werth
„Un is aa wolfler halbe als e Perd, —
„Drum soll 's beim Alde bleiwe, is meiñ Bschluß.“

Wann mar halt Leut wie die do vor sich hot,
Wo Mancher niemols weeß hühsch odder hott,
Mächt unser Eener sich umsunscht die Müh.
So diffisile Sache populär
Un klor zu sage is erschrecklich schwer, —
Un ganz begreife se eem doch halt nie!

Noñ, sei's wie's will, — ich redd vun dem Accord
Gewiß in keener Sitzung mehr e Wort;
　　Meintwege mache se 's noch ihrem Sinn
Un nemme for den Esel jetz en Gaul;
Ich denk mein Theel darzu, un halt mein Maul; —
　　Die Schtadt weeß doch, daß ich der Gscheidtscht vun
　　　　　　　　　　　　　　alle Zwölfe bin!

10. Der ufgelöste Granadierhauptmann.

Ihr liewe Herrn, geweßte Bürgergranadier!
Nit uf mein Tagsbefehl erscheint ihr hier;
Doch is mer 's angenehm, daß ihr seid kumme,
Un habt keen Rücksicht druf genumme,
Daß ich euch nimmer cummandire kann,
Nit mehr bin als en annerer gemeener Mann.
Ich haww euch eingelade 'was zu höre,
Was ich, wann mir jetz noch als Corps beisamme wäre,
Wann nit die Cumpanie sich hädd am Corps versündigt,
Mit unsrer Janitscharemusik hätt verkündigt.
　　Selbst noch als ufgelöster Granadierhauptmann
Erhalte mir vun auswärts doch noch dann und wann
Als Brief, Debesche un dergleiche zugeschriwwe,
Aus Länder, wo's noch unbekannt gebliwwe,
Daß mir sin ufgelöst seit verzeh Dag,
Woran ich nor mit Schmerze denke mag;
Dann unser Granadiercorps war e Schtaat,
Un 's is nor for die Uniforme schad,
Daß die jetz uffem Pandhaus henke, un vun Modde
Verfresse werre, ja villeicht gar ausgebobbe, —

Die schöne braune Fräck mit gele Krage
De Kleederhändler um en Trumbel zugeschlage,
Daß Judde unser Damascenerklinge
De Handelsleut for Käs= und Zuckermesser bringe, —
Daß sich mit unsre Ledderleinwandschtegehosse
Die Handwerksborsch uf Danzpläh sehe losse,
Un daß am End villeicht noch unsre Trummle
Danzbäre sich uf Märk rum müsse dummle!

Nou gut! die Cumpanie hot ihren Lohn,
Un ich, als Hauptmann, meiû Sabisfaction; —
Dann haww ich je villeicht meiû Corps noch gheeße,
Sich ohne Ordre mir nix dir nix ufzulöse?

's kummt Alles freilich nur vun Unordnunge her!
Wer loßt beim Feure dann de Ladschtoc im Gewehr?
Antwort: des war e sichrer Granabier,
Wo beim Manöver hot des aarme Dhier,
Den Farremummel, durch de Kopp durch gschosse.
Dofor hot die Gemeeû uns arredire losse,
Gebhaû hot 's Niemand wolle hawwe, — fui der Schand,
Sich schmuzig do zu mache vorrem ganze Land!
Un hädd ich selli schöni Red nig ghalde,
Hädd uns der Burgemeeschter all im Loch gebhalde.
Ich hab mich for de Schade unnerschriwwe
Un bin zum Dank alleeû draû henke bliwwe! —

Schtatt heem zu gehû, die Säwel hiûzuhenke,
Un au den dodte Mummelochs zu denke,
Do zieht 'r, lauter Kinnerei im Kopp,
Noch Owends in de „goldne Wiedehopp",
Schpauzdeifel knotsche aus de üwrige Batrone,
Un drunner neiû gebrennde Kaffeebohne,

Daß 's nor recht pratzle soll! verbrennt 'm Werth
        sein Tisch,
Die Kellermädle mache e Gekrisch,
Mar sicht die Flamm, den Raach, 's gibt Feuerlärme,
Es schießt un trummelt, alle Glocke schtörme,
Un was is 's End vum Lied? — mir werre ausgelacht:
Die Granadier, hot 's gheeße, hawwe Feuerwerk gemacht!

   Jetz zahlt, hot 's Amt gsacht, aus der Kaß
Die Prämia for 's erschte Wasserfaß,
De Glöckner un seîn Leut, 'm Werth sein Tisch,
Un fufzig Gulde for des blind Gekrisch,
Et cetera! — Wie Ehr un Pflicht euch bleche heeßt,
Do seid 'r rederirt un habt euch ufgelöst,
Eur Uniform un Armadur verpfänd;
Des war dem schöne Corps seîn traurigs End!

   Doch wolle mer e Deck dodrüwwer schlage,
Dann ich bin nit der Mann, so was lang nochzutrage,
Un haww ich euch aa scharf die Wohrheit gsacht,
So denkt: er mächt 's halt, wie 's der deutsche Michel
        macht.

   Ich haww e Salb, die Wunde eînzuschmiere,
Die Hibb, wo ich euch gebb, aach zu kurire;
Ich kann de Herren Kamerade nemlich melde,
Daß mir im Ausland viel noch gelde;
Un daß mer Wacht als gschtanne sin bei Podendade,
Des war uf Ehr for unser Corps keên Schade;
In ganz Europa dhät mar's mit Vergnüge höre,
Wann mir organisirt schun widder wäre.

   Ihr wißt, es war der Fall schun, daß e Schwede=
        Offezier

Nor wege uns is üwwer Nacht gebliwwe hier, —
Der Hausknecht hot 'm noch e Farweschachdel gholt,
Womit er mich hot uf e Schpeiskart abgemolt,
In voller Uniform, de Dege in der Hand,
Getroffe wie mein Schadde an der Wand,
Sogar die Menscheknoche un die Dobteköbb
Die ware zu erkenne noch uf meine Knöbb! —
Der hot mer gsacht, er bhät sich grabbelire,
So schöne Leut, wie mir, emol ins Feld zu führe,
Un hot sich hoch verwunnert, daß mir noch kee'n Schlacht
Un noch keen Feldzug häbbe mitgemacht,
Und bhäde uns doch so martialisch halbe;
„Neen, hot 'r gsacht, sin wahre Muschtergschtalbe;
„'s Lappländer Garderegiment is schön,
„Nor därf 's halt newe Ihrem Corps nit schtehn!" —
    Der russisch General Stilstoy hot schpäder gsacht,
Er häbb im Paukasus e Treffe mitgemacht,
Un die Poschtur bun unserm Herrn Sergeant,
Die wär em, sächt er, doch jetz so bekannt, —
Ob der nit dort villeicht als Volondär
Beim Schlemil, vorigs Schpätjohr gschtanne wär?
„Dann, sächt 'r, Capidän! bei recht feindselge Dhade
„Denk ich gleich an die deutsche Schtabtsoldade;
„Man weiß in Rußland, wie 's die Herren treiben,
„Un daß se blindlings alles unnerschreiben,
„Ihr Gut un Blut in wenig Fedderzügen,
„Wann nur e Sach noch Russehaß dhut riechen." —
    Also, zur Ehr fors deutsche Babberland,
Sin mir do drin als Russefeind bekannt!
Was werd mar sage jetz in Petersburg, wann 's heeßt:

„Die schöne braune Granadier sin ufgelöst?"
Dhät 's do nit heeße: „sie sin aus enanner gange,
„Weil 's Rußland will? — Mit ihre Unniforme prange,
„Sich in ihr schöne braune Frackröck schtecke,
„Des war ihr Sach! Doch dhun se ihr Gewehr glei
           schtrecke
„So wie se höre, sie sin uns e Dorn im Aag?" —
Wär des for unser Cumpanie teeñ Schmach?

  Wann ich mich also jetz entschließe könnt,
Un nähm 's Cummando widder in meiñ Händ,
De Dege in die Faußcht als Offezier, —
Könnt ich do zähle uf meiñ Granadier?
Soll ich als Cabidän euch widder führe?
Soll ich an eurer Schpitz erummarschiere?
Ufziehe widder mit euch bei de Wachde,
Wann fremde Prinze bei uns üwwernachde?

  Ihr ruft: „Ja, Ja, Herr Cabidän!" — Noñ,
           recht! 's is gut!
So schwör ich dann, for euch zu losse Gut und
           Blut,
So wie bisher seit dene zehe Johr
Als ich's Cummando führ vun unserm Corps!
Bringt mir die Pandscheiñ! Euer Schulde werr ich decke;
E deutscher Hauptmann loßt seiñ Cumpanie nit schtecke;
Er hot gottlob aa so viel Middel,
Als nödhig sin bei so 'ne Amt un Tiddel.
Nor schtill! keeñ Wort von Dank! ich weeß schun,
           was ich dhu,
Wo ich mein Beudel ufmach odder zu.

  Jetz awwer, Kamerade, kummt meiñ Red an 's Ziel;

Ich mach im „Riese" geschtern mein gewöhnlich Schpiel,
Do bringt mein Mahd en Pack, der riecht noch Juchde=
                                          lebber
Un schteht „pressant" druf; — denk ich: Dunner=
                                          wedder,
Was mag des sein? 's war vun der Poscht, un schwer.
Uf eenmol setzt sich Alles um mich her,
Der Een roth des, der Anner will gar webbe,
's wär des un des drin; ich dhu gar nix rebbe
Un denk: des is e Dus! — un sag halblaut: e Dos!
Do frogt e Engelänner: „was is das, ein Dos?"
Ich sag: e Dos, Mylord, — e Dos — des is e Dus,
„E Dos, des is e goldni Schnuppduwaksdus!"
So war's dann aach, un noch darzu vun hocher Hand,
Un owwe druf der Name in Brillant;
's sin zwor, so viel ich hör, keen echde Schteen,
Doch is es Gold, und die Fasson is schön.
    Ihr Herrn, ihr Kamerade! wann mir jetz marschire
Un ihr 's Gewehr vor mir dhut präsendire,
Do präsendir ich euch e Pris, un cummandir: „bei
                                          Fuß!"
Un ihr schnuppt all aus unsrer goldne Dus;
Dann was ich habb, ghört aa der Cumpanie;
Mir dheele Alles, Fröd, Pläsir, Schtrabatz un Müh!
    Wie gut is 's, daß mir jetz mit Brudersinn
Als Granadiercorps awermols beisamme sin;
Sunscht wär die goldne Dus der Cumpanie engange,
Ich hätt wahrhaftig nig gewußt, was anzufange;
An mich „als Commandeur" war 's adressirt,
Un geschtern haww ich jo doch keen Cummando gführt;

So lang die Cumpanie war ufgelöst,
Bin ich nor ufgelöster Cabidän geweeßt.
Wär heut der Zweck bun meiner Red an euch mißglückt,
Hädd ich se morge glei zurückgeschickt;
Un wann mer's Niemand aa dort hätt gedankt, —
Wann 's hier aa gheeße hätt: „die hawwe selli Nacht
„Jetz vorrem Gaschthaus die Hanswörscht umsunscht
                                    gemacht“, —
Mein Bürgergranadiers-Ehr hätt 's verlangt! —
Ihr Herren Kamerade! Hoch die Cumpanie!
Un Schtreit un Unordnung trenn uns bun jetz
                                    an nie! —
Un die Erinnrung an den feierliche Dag,
Die soll sich nit verfliege mit der Zeit, wie Raach;
Wann mir schun lang verfault sin, soll doch 's Corps
An uns un unser goldni Dus in dausend Johr
Noch denke — an die Dus, un an sein Ahne!
Der doppelschwänzig Löb uf unserm Fahne
Kricht morge 's Dags — des is so mein Gedanke —
E goldni Schnuppduwaksdus in sein Pranke,
Ganz groß, de Deckel uf, — die een Pot muß 'r hewe,
Als wann er sich e Pris wollt nemme ewe! —
Dann was Monarche uns zum Angedenke schicke,
Is schun derwerth, in unser Wabbe neinzuschticke!
   Ich bschtell 's, ich sorg darfor; un bringt 's die Woch
Der goldne Paramenteschticker serdig noch,
Dann werd be Sunndag, wann 's nit regnet
                                    un nig gfriert,
In Galla 's erschtmol mit dem Fahne aus=
                                    marschiert.

11. Der Brand im Hutzelwald.

Do ſitzemer, zu zwölft, de ganze Morge,
For unſer Schtadt und Börgerſchaft zu ſorge,
   Un denke aach an gar nix vun der Welt;
Uf eeßmol dhut ſich unſer Dhür uffſchperre,
Un unſer Diener kummt un ſächt: „Ihr Herre,
   's is noch en Extrabott do, wo ſich meldt".

Mir ſage: „ſo! ſeit neune dhun mer ſitze,
„Um rathzuſchlage for die Schtadt, un ſchwitze, —
   „s is jetz ball zwölf — der Kerl, ja der wär gſcheidt!
„Verſchpät't mar ſich, do dhun die Weiwer brumme,
„Der Extrabott ſoll 's nächſchtmol widder kumme,
   „Drei Schtund zu ſitze is keeß Kleenigkeit!"

Alleeñ der Bott, en uñgezogner Schliffel,
Dabbt reiñ mit ſeine vollgeſchtaabte Schtiffel
   Un ſächt: „Ihr Herre, wißt ihr dann aach was?"
Mir ſage: „Neeñ! mir wiſſe nix, er Schlingel!"
Der Burgermeeſchter langt noch ſeiner Klingel
   Un werd vor Zorn ball feuerroth, ball blaß.

Der Bott war awwer gar nit err zu mache,
Un ſächt: „Ihr Herrn, es ſin verfluchde Sache,
   „Ich wär gewiß ſunſcht nig geloffe ſo, —
„Der Wald brennt — wann Se 's gübigſcht dhun er-
                    laawe —
„Der Hutzelwald, der brennt, Sie dörfe 's glaawe,
   „Der ſchtädtiſch Hutzelwald brennt lichderloh!"

Do ſimmer uf die Schtühl zurückgeſunke, —
Der Burgemeeſchter hot uns zugewunke,

G. 50.

Mir Rathsverwandte ware mäuselschtill,
Kaum zehn Minude lang hot er sich bsunne,
Do sächt er schun: ihr Herrn, jetz haww ich's gfunne,
    Jetzt baßt nor uf, was ich euch sage will:

's gibt Beddelbuwe — un ach anner Gsindel —,
Die treiwe mit de Peife ihr Gezündel —,
    Die hawwe's als gewöhniglich gedhan! —
's is, wie der Bott sächt, 's sin verfluchde Sache!
Des kummt vun dem verbotte Feuermache,
    So e Hutzelwald geht nit vun selwer an!

Un bei so Fäll geht's glei an's Räsenire,
Do heeßt's, mir dhät 'ne schlechdi Uffsicht führe,
    Die Börgerschaft schändt eem de Buckel voll.
So Zündler sollt mar ohne weiders henke;
Mir wenigschtens, mir wollenen nix schenke!
    Den Antrag schtell ich glei zu Probegoll.

Des wär des Erscht! — Was wollt ich doch noch sage? —
Ja! üwwer's Lösche müssemer rathschlage.
    Mer wolle 's mache wie die Generäl;
Eh die anfange losse kanonire,
Do dhun se gründlich erscht deliwerire,
    Wie mar zu mache hot Deß odder Sell.

Die Hauptsach is: die Köbb nit zu verliere!
Mar muß die Feuertrummle losse rühre, —
    Die Dambor müsse alle zwee erbei;
Der Eeu schafft alleweil als Schifferdecker

Uf sellem neue Bau dort üwwerm Necker,
    Den muß e Rathsverwandter hole glei.

Un Seller mit de große Babbermörder,
Der is als angeschtellder Krankewärder
    Jetz draus in unserm Bladdereschpital;
's werd erscht en Gang zum Physikus noch koschte;
Daß er heut Middag weg dörf vun seim Poschte, —
    Mar sächt dem, 's wär e ganz pressander Fall.

Die Trummle sin im Schpritzehaus verschlosse,
Mar muß die Schlüssel vorerscht hole losse.
    Der schtädtisch Bauknecht hot se in Verwahr, —
Mar dhut em dreimol an der Hausthür schelle —
Aus Vorsicht haww 'ch se dorthiñ losse schtelle —
    Seit sellemol der blinde Lärme war.

's muß Eener nuf, de Feuerwächder wecke,
Er soll die Brandfahn uffem Dhorn rausschtecke,
    Jedoch nit früh'r als bis er trummle hört;
Erscht wann er merkt, 's is hunne Feuerlärme,
Dann dörf er aa mit seine Glocke schtörme, —
    Genau wie 's unser Feuerordnung lehrt.

Mar kannem glei aa die Levidde lese,
Dann der war Ursach, mit seim Schnubbelwese,
    An dere Unordnung beim letschte Brand;
Wann er noch seiner Inschtruction wär gange,
Nit hätt so früh zu bämble añgefange,
    Wär jetz nit des Geuhz im ganze Land.

Der Vorfall nimmt mich jetz gar nimmer Wunner.
Der schtörmt druf los, — die Gäul sin scheu — vum
Dunner, —
's is Nacht, — die Leut sin voll — verblendt vum Blitz, —
Kaum war die Meldung do, 's häbb eingeschlage,
Do kalobbirt aa schun der Dodtewage
Die Vorschtadt naus, — anschtatt der Feuerschpritz!

Wär Zeit geweßt, die Bechkränz anzuzinne,
Do hätt die Mannschaft glei gemerkt darhinne,
Daß mar die Perd letz anschpannt in der Hitz;
Dann 's schteht zur Vorsorg uffem Dodtewage
Mit ehlelange Lettre: Todtewage,
Un uf der große Schpritz schteht Feuerspritz!

Gott's Blitz! 's is gut, daß ich do dran duh denke:
Die Schlösser, wo am Schpritzehausdhor henke,
Die gehne mannichmol e bissel schwer;
Die Kinner dhun se als mit Dreck verschtobbe,
Den muß mar raus erscht kratze oder klobbe, —
Im Nothfall ruft mar Schlossersgselle her;

Un, notabene, dene muß mar sage,
Daß sie aa bei sich hawwe ihr zwee Aage,
Un keen Dollbatsche=Finger an de Händ;
Dann die Henkschlösser — des sin Meeschterschtücker,
Un hawwe allerhand verborgne Drücker,
Un wer des Ding nit weeß, kummt schwer zu End.

Erscht loßt mar's vorne zwee Mol bhutsam schnabbe,
Dann drückt mar newwe an zwee Fedderklabbe,

Un sucht dann hinne 's rechde Schlüsselloch;
Jetz dhut mar links de Schlüssel sechsmol drehe,
　Un wann mar meent: nost! alleweil werd's gehe, —
　　Do kummt des Hauptgeheimniß vun der Sach erscht noch.

Halt, daß ich 's nit vergeß! — die Trummelschlächel
Un Bandelier, die henke in der Regel
　Darhinne in der alt Regischtratur;
Sollt mar se awwer dort nit finne könne,
Do dörf mar sich nur an de Bauknecht wenne,
　Der kummt 'n sicherlich ball uf die Schpur. — —

Er hot noch Manches gsacht, — ich habb 's vergesse!
Ich hab gedenkt: „Gut Nacht, mein Middagesse!
　„Daß 's jetz aa grad am zwölfe brenne muß!
„Heut werd 's noch schöne Trobbe Schweeß absetze,
„Wann mar sich, so wie mir erum muß hetze
　„Mim leere Bauch, — bei dere Hitz — zu Fuß!"

's mächt Jeder sich die nemliche Gedanke,
Doch awwer dörf mar in der Noth nit wanke,
　Un 's geht aa leicht, wann 's heeßt: 's is halt e Muß!
Gelebt an uns hot Alles un gezawwelt,
Der Een is uf de Kerchedhorn gegrawwelt,
　Der Anner schporeschtreechs zum Physikus.

Der is zu zwee, drei Schlosser hingeloffe,
Hot awwer nor en Lehrjung angetroffe,
　En Annrer hot die Trummelschlächel gsucht;
Ich hab gedenkt: du holscht dort üwwerm Necker
Vum Dach erunner unsern Schifferdecker! —
　's war in der Feierschtund, — der hot was gflucht!

S. 54.

Zwee Schtund haww ich mich rumgebisse middem,
Am End kummt's raus; er sächt: „ja, 's hot sein Jddem,
„Sie solle 's wisse, wo der Schuh mich drückt;
„Was babb 's, wann ich mich noch so arg wollt dummle,
„Ich kann doch ohne Uniform nit trummle,
„Un geschtern haww ich die ufs Pandhaus gschickt.

Was! sag ich, — daß ihn alle Krobbe petze!
Die schtädtisch Damborunneform versetze!
Un denk: noñ, do werd's schön, geht's gar eso.
Ich häbden könne losse arredire
Un glei mit rein in Burgerghorscham führe,
Alleen jetz war aa grad keeñ Gensdarm do.

Ich weeß nit, wie ich widder rein bin kumme;
Ich bin so in meim eegne Schweeß schier gschwumme,
Un kehr im erschte beschte Werthshaus eiñ.
„Aha, sag ich, do treff ich so Bekannde!"
Es ware drei vun unsre Rothsverwandte,
Die hawwe Seltserwasser ghabb un Weiñ.

Do hot sich's dann aa jetz ganz klor gewisse,
Daß mir for heut uns annersch helfe müsse;
Der Physikus hot eeñfach gsacht: „Ihr Herrn,
„Der Wärder muß bei seine Kranke bleiwe,
„Als Dambor kann mar 'n Annere uftreiwe, —
„Doch wann se sunscht was wolle — herzlich gern."

Zum Glück seh ich en alde Bäckersgselle,
Ich klobb dem glei, un ruf, un dhuen schtelle
Un sag: nit wohr, er war emol Dambor?

„Ja freilich, fächt er, un kann aa noch trummle."
Noß, sag ich, kumm er mit, dhu er sich dummle,
   Geh er nor glei an's Rothhaus mit mer vor.

Ich habb gedenkt: sein weiße Backschtubbskleeder
Sinn aach e Unneform, un heut is Jeder,
   Wo nor e bissel ebbes vorschtellt, recht.
Mir dhun minanner hiñ vor's Rothhaus gehe,
Un ich ruf unsre Herrn zu 'wo dort schtehe:
   „Do bring ich een wo uns die Trummel schlächt!"

Der Burgemeeschter heeßt uns glei rufkumme,
Un hot den Mann in Treu un Pflicht genumme
   Als provisorische Schtadt= und Rathsdambor,
Un hobben añgewisse, wie 'r sein Pflichde
Als Schtadt= und Rathsdambor hätt zu verrichde,
   Un henkt em feierlich sein Trummel vor.

Corios! glei druf-kommt aach e Schornschtefeger,
Wo früher ewefalls war Trummelschläger; —
   Jetz is 's dann gange: rum bum bum bum bum.
Die Brandfahn uffem Dhorn is hausgeschtocke,
Es läutt un schtörmt mit alle unsre Glocke,
   Des Gschrei: Feuer! Feuerjoh! geht rum und um.

Die Küfersknecht sin mit de Bubbe kumme,
Ihr Küwwel hawwe alle Mähd genumme,
   Un Alles hot enanner gfrogt, wo 's brennt?
Des Feuerpiquet mit seine Bangenedder
War aageblicklich do, wie 's Dunnerwedder,
   Hot Alles, was im Weg war, umgerennt.

S. 56.

Do kreischese; dort rollt's wie zehe Dunner,
Vierschpännig, een Gaß nuf, die anner runner,
   Die Funke sin vum Plaschter ufgeblitzt,
Der Bode hot uf dausend Schritt gezibbert,
So hobben unser großi Schpritz erschübbert,
   Wo alle Schtund dritthalw Ohm. Wasser schprizt.

Korzum, 's war so des echde Brandgebümmel! —
Uf eeñmol — wie e Blitz vum klore Himmel —
   Fällt euch ein mörderlicher Rege eiñ,
Grad so, als wollt der Himmel, uns zum Bosse,
Jetz all seiñ Wasserkünschte schpringe losse, —
   Es is uns owwe zu de Schtiffel neiñ.

Mar hott vorm Platsche nix vum Feuerlärme,
Mar hot jo beinoh nix mehr ghört vum Schtörme,
   Die Gasse waren all wie wilde Bäch.
Mir un die Schtadtdambor sin schier versoffe,
Die Brüh is in die Trummle neiñgeloffe —
   Un doch sin mir net vun der Schtroß ewech!

Mer hawwe uns im Gschäft nit losse schtöre,
Trutzdem daß mir Den hawwe kreische höre:
   „Ei fällt dann morgen e Quatember eiñ,
„Weil unser Herrgott heut seiñ Stockfisch wässert?"
Mit Antwortgewwe is do nix gebessert, —
   Dem brocke mer's en annermol schun eiñ.

Erscht hot die Börgerschaft heut müsse sehe,
Wie mir for sie durch Feur un Wasser gehe,

Sollt mar aa dreckig werre wie die Schwein! —
Ja! wann mar wege naße Füß un Socke
In so 're Zeit wollt hinnerm Offe hocke,
   Do wär's keen Kunscht, e Rathsherr hier zu sein!

12. Jetz kann mar ruhig uffem Rothhaus sitze.

Heut Nacht, 's war glaaw ich zwische drei un viere,
Do fang ich an im Traum zu bischbeliere
   Un bin im Bett rum gfahre hin un her;
Uf meiner Schtern sin kalt die Trobbe gschtanne,
Un habb gerufe Ja! un Einverschtanne!
   Als wann ich schun in unsrer Sitzung wär.

Wie ich zu laut bin worre, hot im Schrecke
Mein Fraa gedenkt, 's wär gut mich ufzuwecke;
   Un kaum daß ich nor zu mer kumme bin.
Ich nemm e klee Babier, un dhu 's als Zeeche
Glei in mein goldni Schnubbbuwaksbus lege,
   Un sag: geww Acht, der Traam, der hot sein Sinn.

So war's dann aa; mir hädde elend könne
Uf unsre Lahnesessel all verbrenne,
   Un 's hädd aa noch keen Hahn noch uns gekräht!
Mir Rathsherrn wäre hin, un die Babiere,
Die viele Prodogoller wo mir führe, —
   Wann mir nit wachsam wäre früh un schpät.

Wie sich's bun selbscht verschtehtt, dhun mir am neune,
Präcis, in unserm Sitzungssaal erscheine,

Nor unſer Rathsbedell findt ſich nit eiň;
's wär aach e Kunſcht geweßt ſich eiňzufinne,
Dann g'ſchloſe hot er in der Wachtſtubb hinne
Un gſchtunke noch Kardoffelbrandeweiň.

Mir häbde zwor vun neune bis am zwölfe
Uns des Mol könne ohne den behelfe,
Alleeň jetz is was auszuſchelle gſchwind;
Do heeßt 's: ja 's hilft keeň Bede und keeň Fluche,
Mir müſſe halt jetz eigenhäudig ſuche,
Wo mar dem volle Lumb ſeiň Schtadtſchell findt.

Un ohne viel dobrüwwer rathzuſchlage,
Wem mar das ſchöne Gſchäft ſoll üwwertrage,
Heeßt's glei! die Invendariumscummiſſion!
Aach gut! dhu ich for mich im Schtille denke,
Do heeßt's jetz recht: der Katz die Schell aňhenke, —
Dann ich bin Obmann vun der Cummiſſion.

Die Schell werd gſucht vum Speicher bis zum Keller
Im ganze Rothhaus, wie e kleener Heller, —
E ſchöni Bſcherung hammer gfunne do!
In unſerm Keller licht e voller Kärcher,
Un aa der Knecht vum Kaafmann Ratzeberger,
Kanonevoll vun Schnaps, un blitzebloo.

Gezibbert hawwe mir an alle Glieder,
Der Ratzeberger, unſer Kellermiedher,
Legt den voll Schpiridus un Brandeweiň.
Un ſeiň zwee Kerl, die liche vor de Fäſſer

Mit Käsebröder in de Händ, un Messer,
　　Un mit 'n war aach unser Zabbe neiñ;

Dann midde zwische dene Lumbe drunne
Do hammer unser Schtadtschell widder gfunne; —
　　Un nuf wie's Wetter in die Sitzung neiñ!
Ihr Herren, sage mir, 's gibt was zu horche,
Ihr sitzt do ganz gemächlich ohne Sorge,
　　Un Alles drunne is voll Brandeweiñ!

Mir dhun die Sach zur Dagesordnung zieche,
Un bschließe uns in Keller zu verfüge,
　　Dort rathzuschlage üwwer unsern Bschluß,
Un 's Probegoll glei drunne zu verfasse;
Dann mit 'm Brandeweiñ is nit zu gschpasse
　　Un noch viel weniger mit Schpiridus.

Mir setze noch ganz korzer Uewwerlegung
In corpore uns also in Bewegung,
　　Un ich als Obmann trag im Aarm die Schell,
Un bring se, akkorat wie ich se drinne
Vorher bei dene Bsoffene hab gsunne,
　　Ganz bhutsam widder an die vorig Schtell.

Jetz simmer uf die Fässer nuffgekroche
Un hawwe an de Schpunde rumgeroche, —
　　Do war's halt Schpiridus un Brandeweiñ!
„Ja! sächt der Burgemeeschter, do hädd könne
„'s ganz Rothhaus uf die schönscht Manier verbrenne,
　　„Doch, 's hot halt, Gott sei Dank, nit solle seiñ.

„Dann, meine Herrn, wär unſer Rothhauskeller
„Nit juſcht zum Glück um hunn'rt Procende heller
    „Als gar viel annre Rothhauskeller ſin,
„Do müßt mar mit Laberne runnergehe,
„Weil mar zum Schaffe nig genug dhät ſehe, —
    „Ja, meine liewe Herrn, do ſicht was drin!

„Dann, wann ſo Menſche mit Laberne kumme,
„Werd als e Mol aa 's Licht erausgenumme,
    „Do zündt ſich Eener aa die Lubbel añ;
„Un hawwe ſe gar Brandeweiñ getrunke,
„Un fängt der Dunſcht aus ihre Häls en Funke,
    „Do gibt's en Brand un Niemand hot's gedahñ;

„En Brand, wo dauſend Mann nit löſche könne,
„Dann, is der Schpiridus emol im Brenne,
    „Do brennt er fort — bis daß er nimmer brennt.
„Hätt do die Flamm von unne um ſich gfreße,
„Un mir, mir wäre ruhig drowwe gſeſſe,
    „Wär's jetz mit unſrer Herrlichkeit am End.

„Deßwege wolle mir uns reſolvire,
„Un unſern Dank zu Prodegoll vodire
    „An unſer Invendariumscummiſſion;
„Die Herrn, wie ſie zu dritt do ſin beiſamme,
„Die hawwe uns errett vun Feur un Flamme,
    „Im Prodegoll kricht ihr Verdinſcht de Lohn.“

Des war dann aa die Schtadtraths-reſolvirung,
Un war dorüwwer allgemeini Rührung,

Eeńschtimmig hot die Cummiſſion gegreint.
Jetz freilich, 's Probegoll zu unnerſchreiwe,
 Des hot bun uns aus müſſe unnerbleiwe,
Die Annre ware ſchun genuch zu nennt.

Jetz hammer dann for allererſcht noch bſchloſſe,
Daß mar die volle Kerl wollt liche loſſe,
 Sie ware uns zum Trage aa zu ſchwer;
Die Schtadtſchell awwer hammer mitgenumme,
Un ware froh, in unſern Saal zu kumme,
 Do drunne hammer gar keeń Ruh ghatt mehr.

Dann 's war uns all in unſer Glieder gſchlage,
Un ich habb 's gſchpürt am Grawwle in meim Mage,
 Daß mir heut 's Middageſſe nimmer ſchmeckt;
Un weil 's do nöbhig war, was vorzukehre,
Damit uns Nimmand mehr hot könne ſchtöre,
 Hammir vor's Rothhaus unſern Schtrohwiſch gſchteckt,

Domit dhun mir der Schtadt ſignaliſire,
Daß mir in corpore deliwerire,
 Un Nimmand Zutritt jetz uf's Rothhaus hot;
Do kricht der Büddel Ordre ufzubaſſe,
Un 's dörf keeń Fuhr mehr fahre uf de Gaſſe,
 Sunſcht heeßt's glei: Oeha! halt! nit hühſcht noch hott!

Heut is 'r noch am Eens im Bode gſchtocke,
Dann do zu helfe war e harder Brocke;
 Doch, Gott ſei Dank, heut hot 's doch zu was gführt;
Mir Rathsherrn un der Brandeweiń im Keller,

's werd Alles uf de Kreuzer un de Heller
  Beim Phönix in Paris affekurirt.

Ja! 's is jetz üwwerlegt un aa schun bschlosse,
Daß mir den Schnaps un Uns versichre losse,
  Un was es koschtt, des zahlt die schtädtisch Kaß;
Dann unser Börgerschaft, die kann nit wolle,
Daß mir emol im Dienscht verbrenne solle,
  Un wann se 's wollt, do peife mir er was.

So kann mar doch getroscht aa dromwe sitze,
Un braucht nimmehr vor Angscht sich abzuschwitze,
  Kann widder ruhig uf sein Rothhaus gehn;
Mir Rathsherrn, unser Rothhaus, unser Bücher
Un unser Prodegoll schteht Numro Sicher, —
  Die Phönixgsellschaft muß for Alles schtehn!

Jetz kann ich aach aus meiner Dus des Zeeche
Ganz ruhig nemme un bei Seit es lege,
  Dann 's hot mich heut beim Schnubbe oft genirt;
Des haww ich awwer doch jetz deutlich gsehe,
Wann ich was traam, do kann mar fescht druf gehe, —
  Umsunscht haww ich im Schlof nit bischbebirt!

13. Gedanken am Grabe unseres zu frühe verblichenen Herrn Bürgergrenadierhauptmanns und Rathsherrn Christoph Hackstrumpf.

(Bruchstück aus einer Beilage zum Wochenblätichen.)

Laß deine Zähren fließen, arme Stadt!
  Laß schwellen sie zu einem Thränenmeer,
Zum Ocean, der keine Küsten hat:
  Denn, ach! ach! Vater Hackstrumpf ist nicht mehr!

Verwaister Stuhl, vor'm Tisch im Rathsherrnsaal,
  Sag an, o Stuhl, was ächzest du so sehr?
„Laß ächzen mich, verächzen meine Qual,
  „Denn, ach! ach! Vater Hackstrumpf ist nicht mehr.

„Auf mir, o Schreckenstag! auf mir erklang
  „Sein letzter irb'scher Seufzer, dumpf und schwer,
„Und plötzlich hallt's von Mund zu Mund so bang:
  „Ach! ach! ach! Vater Hackstrumpf ist nicht mehr!“

(folgen viele Strophen, sodann:)

Ein Grenadier trägt seinen Hauptmannshut,
  Die Dos' ein Andrer vor dem Sarge her,
Der Dritte seinen Degen, scharf und gut, —
  Ach! ach! ach! Vater Hackstrumpf ist nicht mehr!

Erzählungen.

Prinz Eugen is durchgebrennt.

Der Dorfbalwier, der Dorfschnorrant,
  Die kratze alle beed,
Doch üwwerm Rösselwerth sein Wein
  Im Kratze gar nix geht.

Dreimännerwein vum Bodesee,
  Des is e scharfi Sort;
Em Schtrumpwein loß ich alli Ehr,
  Doch so wachst keener dort.

„Zum Prinz Eugen" war früherhin
  Em Rösselwerth sein Schild,
Un unser alder Held war druf
  Als Reider abgebildt.

Uf eemol Morgens war er fort
  Un 's Perd alleen noch do;
Wie 's gange is weeß Nimmand recht,
  Mar munkelt norre so.

Gewiß is: vor keem Amurat
  Mit hunnertdausend Mann
Wär d'r albe Herr je durchgebrennt,
  Un vor keem Soliman.

Der schtärkschte Rhein- un Ungarwein,
    Vun dem mar je hot ghört,
Der hädd en runner nig gebrocht
    Aus 'm Sabbel un vum Perd.

Vor Eem nor hot er arg sich gförcht,
    Un des war — saurer Wein,
Un daß 'r fortgeloffe is
    Muß des die Ursach sein.

Sein Gaul war vum Geruch schun schteif,
    Sein Spore braun vun Roscht,
Er hot gedenkt: „Do bleib ich nit,
    „Un wann 's mein Lewe koscht.“

Der Wächder aus 'm Ort behauptt,
    Des hädd er 'm selwer gsacht,
Wie 'r sellemol in der Dunkelheit
    Sich hot darvungemacht.

Sie brülle drin noch alle Dag
    Des Lied vum Prinz Eugen;
Doch der is glücklich fort, un denkt:
    „Ja, ich bedank mich schön!“

Em Schneider sein Himmelfahrt.

Es war emol e Schneider,
Der Schneider war so dick,
    So dick, so dick — schier fingersdick,
    Des war der Schneider Zickzickzick;

Un glei noch Disch gewoge
Hot 'r dreizehn Loth gezoge
  Uf Abodhekersg'wicht.

Der dreizehlöhdig Schneider
Der war so arg verlibt,
  So arg, so schterblich arg verlibt,
  Wie 's wennig Schneider sunscht noch gibt,
Un owends noch de Elfe,
E halwi Schtund vor Zwölfe,
  Do schäkt er fort vor Lieb.

Der dreizehlödhig Schneider
Hiß vor ihr Fenschter geht;
  Was schleppt er in der Nacht so schpät?
  Was keucht er so? — er schleppt e Flöt,
Er will noch musicire,
Ihr Herz mit flöte rühre;
  Juchhe! der Schneider bloßt!

Was flödeld dann der Schneider
Hoch uffem letschde Loch?
  „Süß Liebchen, bloßt 'r, wachst du noch?
  „Ich komm zu dir durchs Schlüsselloch,
„In deinen weißen Armen
„Möcht ich einmal erwarmen,
  „Süß Liebchen, höre mich!“

Der dreizehlödhig Schneider
Schlubbt neiß durchs Schlüsselloch,

5*

„Süß Liebchen mein, du wachest doch?“ —
Ja! — awwer aach ihr Mann wacht noch,
Un krichd en glei am Krage
Un hobben hiñgetrage
Ins allerhinnerschd Eck.

Du dreizehlöbhger Schneider,
Sichschd du die Wälder=Uhr?
Es is en albi Guckuksuhr,
Un 's Schlaggewicht hängt an 're Schnur;
Do drañ, mim End, o Schrecke!
Do bindt er unserm Schtecke
Seiñ Händcher kreuzweis sescht.

Du dreizehlöbhger Schneider,
Jetz mach deiñ Teschtament!
Deiñ letschtes Stündche geht zu End;
Wann ich die Uhr doch schtelle könnt!
Dir is nimmehr zu helfe,
Die Guckuksuhr schlägt zwölfe,
Jetz is deiñ Himmelfahrt!

Un wie 's hot zwölfe gschlage,
Do ziecht's en in die Höh,
Mit jedem Schlag noch mehr in Höh,
Der Schneider quieckst vor Schmerz un Weh,
Un dreht un biegt seiñ Hüfde
Un zawwelt in de Lüfde, —
Do war seiñ Lieb zu End.

's schlächt Eens, Zwee, Drei un Viere,
Er bambeld alsfort noch;

Jungs Ehepaar, erbarmt euch doch
Un loßd en ford durchs Schlüsselloch!
Er will „in ihren Armen"
Jo nimmermehr „erwarmen",
Er denkd ans Bleigewicht!

Haww ich dann niz liche losse?

(Im Beichtstuhl.)

Ach, Hochwürdiger Herr, ich muß bekenne
Daß Sünde un Laschter uf meim Gewisse brenne,
Mit Ausnahm vum Senge, Brenne un Morde
Sünde vun alle Arde un Sorde!
    For 's Erschte dhu ich zu jeder Schtund lüge,
Daß sich die dickschte Balke biege;
Habb geschtern erscht gschwore,
Mein Seel sollt ewiglich sein verlore,
Wann ich nit gsehe hätt mit eegne Aage
En Anker vun zehedausend Pund im Mage
Bumme kaam halbwächsige Haifisch am Meer,
Wo der Kerl grad ufs Land naus gschprunge wär,
Un hädd an der Wasserscheu schterwe müsse,
Weil en e wüdhiger Seehund hätt gebisse, —
Un daß marm die Junge aus 'm Bauch hädb gschnidde
Un noch Pedersburg gführt uf russische Schlidde,
Un ufgezoge mit Hawwer un Heu; —
    Un daß ichs gsehe hätt drin in der Derkei,
Wie die Cigarre dort werre aus Same gezoge,
Un wie Schpargle mit Messer aus 'm Bode gschtoche, —

So dausend Sache, all erloge un erschtunke;
Ach Herr, wie dief bin ich doch gsunke!

Außerdem dhut mein Innres noch quäle,
Daß ich so arg erbicht bin ufs Schtehle;
Ich kann wohl sage: Mühl= un Plaschterschtceen
Un glühbig Eise verschon ich alleen.

Aus 'me Baurehof körzlich, wo grad war offe,
Bin ich mimme Gänsschtall fortgeloffe,
Sechs Schtund weit, so gschwind eens laaft,
Un hawwen ene Judd vor drei Batze verkaaft. —
So hunnert Schtreech, oft schier zum Lache;
Ich meen halt, ich könnts nit annerscht mache!

Uf der letschte Rees, vun der ich jetz kumm,
Simmer unsrer drei im Land erum;
Mein Kamerade, des muß ich selwer sage,
Hawwe sich zuweile oft recht brav betrage, —
For des, daß se aa schun so lang draus rum sin gfahre.
Nit daß se grad ganz dreizehlödhig ware,
Sie ware nit ehrlich, awwer aa nig ganz bodelos schlecht,
So 's juste milieu, — wie sich's mim Lewe verträgt.

Mir drei sin also in Donauwörth
Im goldene Anker eingekehrt,
Minanner üwwer Nacht gebliwwe dort,
Mit unsre Felleise morgens wibber fort.
Mir waren e paar Schtund minanner gange,
Do hot der Een vun dene angfange:
„Des Döchderle aus 'm Anker war e gar lieb Ding!
„Die schön weiß Hand, der brillantene Ring!
„Ich wollt, der Ring un des Mädel wär mein,
„Un ihr müßt's heut noch mein Hochzichgäscht sein!"

Der Zwett sächt: „Meintwege hätt se schtatt Finger
                                              Kralle!
„Awwer ihr Ring, der hot mer gfalle;
„'s hot mich gejuckt, des brauch ich jo nit zu verhehle,
„Den Ring hädd ich 'r. möge schtehle!"
— „Un ich — ich hawwen!" — haww ich zuen gsacht.
„Ich hawwern newerm Bett weggholt die Nacht,
„Derweil se grad hot ihr Gebet gelese!"
      Hochwürden! so mach ich's uf all meine Reese;
Dann wann ich imme Haus war üwwer Nacht,
Un hab mich selwer gehüt't un bewacht,
Haww emol nix genumme, keen Fleesch, keen Wörscht,
Keen Handduch, Lichtbutz, keen Leuchder, keen Börscht,
Geh also ganz sauwer im Kibbel wegg,
Do visidir ich bald druf an all meine Säck,
Un bin de ganze Dag muffig un verdrosse,
Un 's is mer grad, als hädd ich was liche losse!
      Ich bidd als sündiger reuiger Sohn,
Hochwürdiger Herr! — um Absolution! —
      Was der Parre druf gsacht hot, haww ich nig ghört!
Der Sünder hot gschwore, er wär jetz bekehrt,
Wollt alle böse Gedanke vun sich verbanne,
Is fort aus 'm Schtuhl, un in Thräne gschwumme,
Hot nit emol em Parre sein Dus genumme,
E silwerni Dus, wo im Beichtschtuhl is gschtanne,
Geht fort seins Wegs, e kleenes Schtück,
Kummt awwer uf eenmol widder zurück,
Un sächt: Hochwürden! ich mach mer im Gehn do
                                              Gedanke un Glosse, —
„Hawwich dann im Beichtschtuhl nix liche losse?"

E wolfti Rees.

Der Schiffmann.

He Kamrad, was will ich sage!
  Ihr geht so zu Fuß darher,
  Tragt en Ranze centnerschwer,
Un mir fahre do im Nache,
  Fahrt mit nuf noch Eberbach!

Der Handwerksborsch.

Ja, des wär wohl schön, zu fahre
  Uffem Wasser ohne Lascht;
  Doch ich bin zu Fuß gerascht,
Un e Handwerksborsch muß schpare, —
  Wie viel zahlt mar dann bis nuf?

Der Schiffmann.

Wann 'r mit im Schiff wollt fahre, —
  's geht so gschwind wie in 're Chais —
  Koscht drei Batze euch die Rees!
Doch ihr wollt e bissel schpare.
  Un do dhu ichs for die Hälft;

Nor verschteht sich, müßt 'r helfe
  Zieche dann an unsrer Lein, —
  Schuckt mer euern Schnappsack rein —
Un ihr zahlt hernoch schtaat zwölfe
  Nor sechs Kreuzer for die Fahrt.

Der Handwerksborsch.

Gut! do will ich mit üch mache,
   Kum noch Eberbach per Schiff;
   Uf der Rees gilt jeder Piff,
Um sechs Kreuzer kann ich lache,
   Schpann ich gern mich vor die Lein.

Wie der Nache nuf war kumme
   Noch 're sinweschtündge Fahrt,
   Wär die Hälft vum Fahrgeld gschpart!
Hot sein Ranze rausgenumme
   Un gar höflich sich bedankt;

Hot vergnügt sein Prüchel gschwunge,
   Hot de Hut zurecht gerückt,
   Schief uf's eene Ohr gedrückt
Un e luschtig Liedel gsunge,
   Un is fort — in's Schwoweland.

's Kebbelalb in Heidelberg.

Die Paffegaß zu Heidelberg,
   Fünfhunnert Johr is 's schier,
War wie e Burg, mit Thor un Schloß,
   De Chorherrn ihr Quardier.
Un nie seither, wie nie zuvor,
War so e doller voller Chor;
   Schun eh die Sunn is gsunke
   Do hawwe se getrunke
     Bis schpät noch Mibbernacht.

Manch kubbernäsger Ribbersmann,
　Wann nit die Chronik lügt,
Hot asgebunne mit de Herrn,
　Keen eenziger hot gsiegt.
Doch vun dem ewge schwere Kampf
War ewig Alles aach im Dampf,
　Un morgens trüb die Aage,
　Die Glieder wie verschlage,
　　Un zibberig die Schtimm.

Was schpuckt dann in der Paffegaß
　Schun bei fünfhunnert Johr?
Was keucht un schlobbert in der Nacht
　Aus dem Quardier ervor?
Was schnauft un dappt mit schwere Tritt?
Mar hört's, doch was 's is, sicht mar nit;
　Es brüllt un 's raßle Kebbe! —
　Seid schtill, dhut jo nix rebbe,
　　So brüllt als 's Kebbekalb!

's war widder so e dolli Nacht,
　Un Alles dick im Dunscht,
Do hot e fremder Junker sich
　Berühmt mit seiner Kunscht;
Sie könnde trinke noch so viel,
For ihn wär des e Kinnerschpiel,
　In jeder Nacht am zwölfe
　Wolld er de Herren helfe,
　　Vun ihre schwerschte Räusch.

Jetz säct er uf chaldäisch was,
  Do kummt e kohlschwarz Thier,
Do kummt e Kalb, kohlraweschwarz,
  Brüllt laut wie zehe Schtier;
's is gsabbelt un is ufgezaamt,
Un schteigt, wie wann e Gaul sich baamt,
  Im Kobb zwee Feueraage,
  Zwölf schwere Kedde schlage
    Un raßle an seim Hals.

Zwölf Paffe sins, zwölf Kedde sins,
  Zwölf dicke dicke Bränd,
E jeder Paff im Duffel faßt
  Den Ring am Keddeend;
Un Eener, voll Courage vum Weiß,
Der schwingt sich in de Saddel neiß; —
  „Hussah, schwarz Kalb! dhu schpringe!"
  Kaam säct ers, un do klinge
    Die Kedde, — 's Kalb is fort!

Jetz rasselts durch die dunkel Schtadt,
  Verbrüllt die nächtlich Ruh,
Un keucht, un schleppt die Pafferäusch
  De Berg, de Wälder zu;
Es schnauft un dappt mit schwere Tritt,
Mar hört's; wo 's hin is weeß mar nit! —
  Elf Herren ware nüchdern
  Un frogenen ganz schüchdern:
    „Wo is der zwölfde Mann?"

„Hoho! der Zwölft reit't 's Kebbekalb
  „Jetz Nachts vun zwölf bis eens,
„Er reit'ts bis an be jüngschte Dag,
  „Erlöst en früher Keens;
„Doch denk ich, des soll morge sein, —
  „Ihr Herren trinkt en schwere Wein;
„Un soll ich wieder helfe,
  „Ruft mich nor Nachts am zwölfe, —
    „Ich denk, ihr kennt mich schun!"

Dem Kalb sein Weg zu Berg un Wald
  Heeßt seitdem: Kettegaß,
Un in der Schtund um Middernacht
  Hots noch sein freie Baß;
Do schnaufts un bappts mit schwere Tritt, —
Ob der noch druffitzt, weeß ich nit,
  Dann hört mars in be Gasse,
  Do is nit lang zu schpasse,
    Mar schpringt eh's näher kummt.

Zwor bhuts nit allzeit 's Kebbekalb,
  Wanns lautt wie bäh un muh,
Dann 's schpuckt aa schier in jeder Gaß
  Hier Nachts was wie e Kuh!
Drum, wann's vor eure Häufer wild
Am zwölfe schtolbert, schnauft un brüllt,
  Guckt nit, geht nit ans Fenschter,
  Uf jeden Fall sinns Gschpenschter! — —
    Neeñ! 's schpuckt erschrecklich hier!

Wie ich Doctor worre bin.

Ich haww emol e Siegel gfunne,
  's war ziemlich schwer, in Schtahl grawirt,
Un hin un her haww ich mich bsunne,
  Wer des coriose Wabbe führt.

Bun de gewohnde Wabbeviecher
  War druf keen eenzigs abgebildt,
Keen Löb, keen Adler, aach keen Tiger, —
  E Zoddelbär war uffem Schild.

E Danzbär, hingrawirt zum Schpreche,
  Er war in Schlof halb eingelullt;
Er is im Kringel dogeleche
  Un hot an seine Datsche gschnullt.

War Brotworschtfüllsel in de Pode?
  Hot 'r Rosehonig rausgeleckt? —
Es hots keen Deiwel wolle rohde,
  Warum der Bär sein Pode schleckt.

Ich denk: 's is freilich nor e Beddel,
  Doch ghört 's nit mein, dann 's is e Fund, —
Un setz mich hin un schreiw en Zeddel,
  Un dhu 's im Wochebläddel kund.

Wie des die Philosophe höre,
  Do kommt im Zug ihr ganzi Zunft
Un dhun mer feierlich erkläre,
  Der Bär wär 's Bild vun der Vernunft.

Un weil se 's Privilegium häbbe
    Dodruf, vun alde Zeide her,
Vor alle annre Fakuldäde,
    Drum häbb ihr Wabbe aa den Bär.

„Mir Philosophe, wie die Bäre,
    „Mir zuckle unsern ganze Witz,
„Un was mer unser Buwe lehre,
    „Im Schlof aus unsrer Fingerschpitz *).

„Diplome kann mar nor erkenne,
    „Ob echt, ob falsch, an dem Sigill;
„Kees Doctor hot mar mache könne,
    „Drei Dag schteht unser Gschäft schun schtill.

„So lang des Siegel war verlore,
    „War Gfohr for unser Wissenschaft;
„Drum hot die Fakuldäb aa gschwore:
    „En Doctorhut wer 's widder schafft!

„Sie sin der Redder vun dem Schtembel! —
    „Zum Lohn for Ihr gelehrdi Müh
„Sin Sie, der Menschheit zum Exembel,
    „Jetz Doctor der Philosophie!"

Der Herr Hammelbein und sein drei Dodtelade.

1.

Wann Eener so sein Umschtand hot,
    Wie ich seit viele Johre

---

*) Jac. Bruckeri instt. hist. philos. (Lips. 1756) haben als Titel-
vignette einen an den Tatzen leckenden Bär, mit der Umschrift: ipse ali-
mento sibi.

Mim dicke Wese hab mein Noth,
  Do gibt mar's oft verlore,
Un lebt un ißt unb trinkt dann noch
Als widder truß 'm Schlagfluß noch
  Un truß 'm Dodteschauer.

Middags noch rodh un owends bloo,
  Des sin als so mein Gschichde;
's kummd alle Johr emol eso,
  Mar kann sich schun druf richde.
Do geht der Docter üwwer mich,
Do heeßts: 's bleibt halt nix üwwerig
  Als düchbig Oder schlage.

Des letschtmol awwer is keen Blut
  Ufs 'Schlage mehr geloffe;
Mein Docter sächt: „jeß is 's nig gut
  „Jeß is nix mehr zu hoffe;
„Fra Ev — des is mein albi Mahd —
„Jeß bschtell Sie nor e Dodtelad
  „Un kaaf Se Trauerkleeder!"

„Ach! sächt mein Ev, du liewi Zeit!
  „Mein Herr wär also gschtorwe!
„Der hot sich ewwe widder heut,
  „An der Paschtet verdorwe.
„Wie licht er do so sanft im Bett!
„'s is schad nor for sein schönes Fett,
  „Daß des jeß muß verfaule!

„Was is mer doch der Fall so leed,
  „Was dhut der Mann mich daure!

„Im schönschte schwarze Zephyrkleed
  „Will ich aa sorren traure.
„Du liewi, treui, dicki Seel,
„Ich grein vor dich meiñ reblich Theel,
  „Doch erscht geh.ich zur Nähdern."

So hot meiñ Leichered gelautt,
  Ich habb se könne höre,
War awwer gar nit arg erbaut,
  Des kann ich reblich schwöre! —
Zur Esseszeid am dridde Dag
Haww ich mich erscht erholt vum Schlag,
  Un glei e Pris genumme.

Un wie ich uffschteh vun meim Schtroh,
  Do riech ich schun Citrone,
Un denk: noñ, des is recht eso!
  E Bunsch wär gar nit ohne,
Scheiñdodt seiñ is e schlechder Schpaß!
Ich bin so leer, ich muß doch was
  Meim Mage jetz añbiede!

Do ware Bretzle, Zwieback, Weiñ
  Un Schunkebrödle gschtanne,
Un for die Weibsleut owwedreiñ
  Aa Thee= un Kaffekanne.
Ich krieg en Hunger wie e Bär,
Un hol mer was zu trinke her,
  Un aa so was zum knuschpre.

Un üwwern Esse haww ich mich
  In meiner Schtubb rumgsehe,

Un — denkt nor, Deiwel! — was seh ich?
　Drei Dodtelade schtehe
Beinanner do in eener Reih,
Un groß un bauchig alle drei —
　Schier wie drei Arche Noäh.

Ja! schtatt der eene Dodtelad,
　Wo die hot bschtelle solle,
Do ware drei do, akkerat
　Als hädde se mich wolle
In drei Portione trage naus,
Un dreimol bei 'me Leicheschmaus
　Mein letschti Gsundheit trinke.

Mein Grabschrift uf lakirdem Blech
　War aa schun do zu lese:
„All unser Fleisch geht diesen Weg
　„Und unser irdisch Wesen."
„Hier ruht, erlöst von aller Pein,
„Herr Octavianus Hammelbein.
　«Sit illi terra levis!»

2.

Gänslewwre sin mein Leibgericht;
　Zwor sin se bös verdaue,
Un leicht, daß man darvun was kricht,
　Wo mar dran hot zu kaue;
Doch aww'r riskir ich alle Dag
Um so Paschtede noch de Schlag
　Un e Dutzend Dodtelade!

Dann wer bei drei lewendig bleibt,
 Bleibt's wohl aa noch bei zwölfe;
Un wo der Dodt sein Uhz nor treibt,
 Kann jeder Docter helfe;
Un newebei halt ich aa was
Uf Schnoke un uf so en Gschpaß
 Wie der mit meine Schreiner.

Also mein Ev will zu eem hin, —
 Mar weeß, 's sin all schier Zabbe,
Un vorab der vum Wein ganz grün,
 E hauptversoffner Babbe.
Die trifft en uffem Heemweg grad,
Un meldt mein Dodt un bschtellt mein Lad,
 Un denkt, so weit wär's ferdig.

Mein Lump wendt awwer widder um
 Un denkt: jetz erscht en Schobbe!
Un kummt in sinwe Kneipe rum,
 Dhut all sein Geld verklobbe.
Verwörfelt gar am End mein Lad,
Die Arweit an en Kamerad
 Un dorkelt heem am Elfe.

Darheem do krichder Schtreit un Zank
 'Un dhut sein Fraa rumzowwle;
Der Anner mächt sich an sein Bank,
 Fängd an die Bredder howwle.
Un meiner Ev, der traamt nix guts,
Sie denkt: „is der aa dran? — was dhuts,
 „Zur Vorsicht loß ich froge!"

Seiñ Fraa nadürlich weeß vun nix
　Un sächt ganz schpitzig: „Meiner?
„E Kumpliment, ich mach mein Knix!
　„Des is e Lump, keeñ Schreiner!"
Un weil meiñ Eb aus dere Redd
Nit weeß, was sie zu nemme hätt,
　Do schicktse zu 'me dridde.

Wie der Lumpaci noch seim Brand
　Halb widder war bei Sinne,
Reibt er die Schtern mit seiner Hand
　Un fängt sich añ zu bsinne:
„Gott's Dunner, denkt er, 's fällt mer eiñ,
„Ich habb jo dem Herr Hammelbeiñ
　„Seiñ Dodtelad zu mache!"

Korzum die gehne alle drei
　Ans howwle un ans säge,
Un wie der Zeitpunkt rückt erbei,
　Mich in die Lad zu lege,
Do kumme hinnernanner dreiñ
Drei Lade zu der Hausdhür reiñ,
　Getrage vun sechs Gselle.

Die hawwe erscht im Gschpaß gelacht,
　Dann sich geuhzt, gekibbelt,
E Weil druf bittre Ernscht gemacht,
　Enanner durchgeknübbelt.
Die Meeschter kumme aach erbei,
Die Buwe, 's Volk, die Vollizei,
　. Gewiß an dausend Mensche.

6 *

Ich war mim Dejeuner zu End,
　　Do dhuts im Mage rumple;
Ich nemm zwee Bretzle in die Händ,
　　Dhu zu der Schtubb naushumple
Un kau zum Zeitvertreib un schnull,
Un mach mich hinn'r uf Numro Null
　　Hemmäärmlich noch un schtrümbig.

Ich setz mich ruhig hin, un schtür,
　　Um ebbes Neu's zu finne,
E bissel rum in dem Babier, —
　　Un finn, weeß Gott, dohinne
Schun e gedrucktes Grabgedicht,
An mein verklärbi Seel gericht't, —
　　Die Seel krichts do zu lese!

Un wie ich ferbig war mim Gschäft,
　　Do saust mers in de Ohre,
Ich hör als, wie mein Evel befft,
　　Un drunne groß Rumore:
„Du Viech! Du Lumb!" — un biff un baff!
Un zwische nein: „so, meenscht ich schaff
　　„Zwee Dag lang for die Katze?"

Vorm Haus, uf meiner Trapp, im Gang,
　　Do ware die drei Lumbe,
E Zug vun Gselle, gasselang,
　　Un Alles uf 'me Klumbe;
's hobb Alles gschtoße un geroppt,
Un gschändt, die Buckel vollgekloppt,
　　Korz, 's war e Mordschpectakel!

Der dicke Mann, wo gschtorwe war,
    Hot Friede schtiffte müsse;
Ich bin uf eeimol uf se dar, —
    Was sin die ausgerisse!
Un Gsichder hawwese gemacht,
Un Alles hotse ausgelacht. —_
    Die Gschicht kummt in die Chronik!

Noñ, wie's am End verloffe is,
    Kann jeder selwer rohde:
So viel is üwweraal gewiß,
    Die Särg sin nor for Dodte,
Un Eener, dem 's so gut noch schmeckt,
Bedankt sich, daß mar 'n do neiñ schteckt,
    Zahlt liewer Alles doppelt.

Meiñ Ev mit ihrem Zephyrkleed,
    Die Schreiner mit de Lade,
Die Nähdersmädle, der Poet, —
    Die Gschicht war keem seiñ Schade.
Mir hawwe zsamme pokulirt,
Die Gselle haww ich flott tractirt,
    Do war der Friede gschlosse!

Der verloffene Esel.

Im diese Wald, im Wildbrunnsgrund,
    Do grahnzt un klabbert e Mühl;
Un wann so en alder Junggsell sich verlibt,
    Do treibt der Deiwel seiñ Schpiel.

Die Müllersdochter im Wildbrunnsgrund
   Gfallt Viel un gfallt aa mir,
Un der gnädig Herr hot um des Mädele schun
   Zu Dodt sich gsunge schier.

Der gnädig Herr vun Rothenthurn
   Trächt Schpore an de Füß,
Hebt Schpatzeneschter aus, un singt
   Vun seiner Lieb so süß.

Die Schpatze brot't er sich am Schpieß
   Un schpeißt se zu Middag,
Nachts singt er vor der Wildbrunnsmühl
   Manch rührendi Lieweßklag.

Er singt vun seiner Lieb so laut,
   Er singt so laut un viel,
Un doch hört des Mädel sein Lieder nit all,
   Dann lauder noch klabbert die Mühl.

Un wißd'r emol hobb er sein Schpore angschnallt
   Un reitt in de Wildbrunnsgrund
Uf seine zwee Rabbe aus 'm Schuschter seim Gschtüt,
   Heida! in 're glückliche Schtund.

Die Schtern am Himmel funkle hell,
   Die Räder schtehne schtill,
Dieweil sein verloffene Esel im Wald
   Der Müller suche will.

„Feins Liebchen! ein Junker von Rittergeblüt,
  „Mit silbernen Sporen am Bein,
„Singt dir, du Veilchen, das einsam hier blüht,
  „Von seiner Liebespein.

„Bei diesen Sporen schwör ich dir:
  „Du sollst mein Buhle sein!
„Feins Liebchen, komm und öffne mir,
  „Feins Liebchen, laß mich ein!"

„Gutn Owend, liewer gnädiger Herr!
  „For mich aarms Mahdel viel Ehr!
„Sett newe gehts in unsern Schtall,
  „O! wann i nor drunne schun wär!"

Der Ribder schtreicht sein grooe Bart,
  Un eilt sich, un geht in die Fall!
Der Esel hot sich verloffe im Wald,
  Der Ribder im Esel sein Schtall.

„„Kathrinelis, i maan beinoh,
  „„I hätt de Esel ghört?"" —
„Ha jo, er isch schun lang darhaam,
  „In Schtall heww ich en gschperrt!"

Heida! der Ribder vun Rothenthurn
  Reißt aus, mit Schprüng, wie groß!
Schlächt mit de Schpore hinnenaus,
  Un flüchtt sich uf sein Schloß.

Er schport sich selwer bis ufs Blut
  Mit seine beribbene Füß;
Hei! gnädiger Junker vun Rothenthurn,
  Wie is die Lieb so süß! — —

Im Wildbrunnsgrund, do klabbert die Mühl,
  Herr Ridder, ich lad euch ein,
Ich bring en Gruß vun der Dochter an euch,
  De Sunndag soll Hochzich dort sein.

Un uf der Hochzig sing ich e Lied,
  Wo, hoff ich, gut euch gfallt, —
Uf der Hochzich sing ich e „schön neu Lied
  „Vum verloffene Esel im Wald!"

Worscht gege Worscht.

Mein Glatzkobb mächt mer viel Verdruß,
  Hädd ich doch noch mein Hoor!
Dann was ich jetz als höre muß,
  Des dhut nit wohl fors Ohr.

Die Däg haww ich so halw im Brand,
  E Schwowemädel gfoppt:
Daß mar die Hase dort zu Land
  Schtatt abzuziehe roppt.

„Jo werrle, sächt se, liewer Schatz,
  „So mächt mars in meim Ort;
„I sieh 's jo wohl an Ihrer Glatz;
  „Sie waret au scho doort!"

E. 88.

•

Der Witz hot eegentlich keen Sinn,
　　Dann 's is jo schtadtbekannt,
Daß ich dort nie geweeßt noch bin,
　　In ihrem Schwoweland.

Was badd 's? heut sächt schun jedi Bas,
　　Die hätt mich heeme gschickt,
Un ich krieg den geroppde Has
　　In eemfort vorgerückt.

Drum merk sich's Jeder, was ich sag:
　　Wer Schwowemäble foppt, —
Des is e Luders-Menscheschlag, —
　　Der werd gewiß gekloppt!

Der Kaiser und der Abt.

(Nach Bürger.)

Merkt uf jetz, ich will üch e Mährle verzähle,
Wie e Päffel emol sich hot ab müsse quäle,
Der Abt vun Sanct Galle, e schtattlicher Herr,
Nor schad! sein Schäfer war gscheidter als er.

In Wedder un Wind un bei Schnee oft un Rege
Hot der Kaiser gepanzert im Kriegszelt geleche,
Oft Wasser kaum ghatt zu seim Brod un 're Worscht,
Un öfder noch Hunger gelibbe un Dorscht.

Des Päffel hot besser gewüßt sich zu hege,
Mit Schpeiß un mit Trank un im Bett sich zu plege;

„Der bubberne Vollmond" hobb'r gheeße im Land,
Drei Männer häbbe sein Bauch nit umschpannt.

Dobei hobb er awwer doch niemols vergesse,
Sein Leut uf die Frohnde un Zinse zu presse;
Un wann em e Aarmes geklagt hot sein Noth,
Hots höchschtens e Kruscht kricht vun schimmligem Brod.

Drum hobben der Kaiser ufs Korn aa genumme;
Un wie er varbei emol widder is kumme,
Mimme reisige Kriegszug, do muß der Prälat
Zum Unglück vorm Kloschter schpaziere gehn grad.

Ah, wart! denkt der Kaiser mit heemlichem Lache,
Dein Bauch will ich schmelzen e bissel dir mache!
„Knecht Goddes, wie gehts euch? — ihr macht euch
                                jo recht!
„Eur Bede un Faschte bekummt euch nit schlecht.

„Doch däucht mich's, daß Langweil euch öfder bhut ploge,
„Drum schtell ich zum Zeitvertreib euch e paar Froge,
„Mar rühmts jo, daß ihr so e Piffikus wärt,
„Wo 's Gras uf der Wiß beinoh wachse hört.

„So geww ich dann eure zwee kräfdige Backe
„Zum Zeitvertreib drei welsche Nüß jetz zu knacke.
„Drei Monat lang loß ich vun heut an euch Zeit,
„Dann gebt ihr mir uf die drei Froge mein Bescheid.

„Zum Erschte, wann hoch uf meim Thron ich dhu sitze,
„Un Zepter un Kron voller Edelschteen blitze,

„Dann sollt ihr mich schätze als gschickder Wardeiñ,
„Wie viel ich do werth uf de Heller mag seiñ.

„Zum Annre sollt ihr mer berechne un sage,
„Wie lang ich zu Perd brauch, die Welt zu umjage,
„Keeñ Minut noch zu wennig un keeni zu viel, —
„Die Antwort, deß weeß ich, is euch nor e Schpiel!

„Die dritt Nuß, for euch e recht schmackhafder Brode,
„Soll die seiñ: ihr müßt meiñ Gedanke errohde;
„Ich sag se dann, — awwer, des merkt euch nor seiñ,
„Keeñ Schterwenswörtche dörf Wohrheit drañ seiñ!

„Un wann ich keeñ Antwort krich uf die drei Froge,
„Do braucht ihr euch nimmer als Abt hier zu ploge;
„Ich loß euch zu Esel dann führe durchs Land,
„Verkehrt druf, de Schwanz schtatt 'm Zaam in der Hand!"

Der Kaiser reitt weiter, seiñ Hofherren lache, —
Was werd sich des Päffel Gedanke jetz mache!
Keeñ aarmer Verbrecher hot mehr Schwulidät
Wo vorm hochnothpeinliche Halsgericht schteht.

Er wendt sich an eeñ zwee drei vier Universidäde,
Befrogt sich bei eens zwee drei vier Faculdäde,
Zahlt Schportle, Gebühre un Taxe volluff,
Un doch löst keeñ Doctor die Froge em uf.

Es licht em wie Blei in de Glieder un Knoche, —
Aus Schtund werre Däg, un die Däg schun zu Woche;
Jetz fin 's ball drei Monat, der letschte Termin,
Ihm werds vor de Aage ball geel un ball grüñ.

In Felder un Wälder mit schlobbrige Backe
Schleicht 'r rum, un kann doch halt die Nüß nit uffnacke.
Do trifft 'n emol amme grasige Raañ,
In diese Gedanke, sein Schoofhüder añ.

Hans Bendix der sächt: „Ei, Herr Abt vun Sanct Galle,
„Ihr seid ganz erbärmlich vum Fleesch jo abgfalle!
„Maria un Joseph, wie huzelt ihr eiñ!
„Mar meent jo schier, 's müßt euch was añgebhañ
seiñ!"

„Ach, sächt der Prälat druf, ich meen, des künnt drücke!
„Der Kaiser, der will geern am Zeug mer was flicke,
„Drei Nüß soll ich Aarmer ihm knacke, — drei Nüß,
„Zu hart sin die schier for e Drachegebiß.

„Zum Erschte, wann hoch uf seim Thron er dhut sitze,
„Un Zepter un Kron voller Edelschteeñ blitze,
„Dann soll ich en schätze, als geschickder Wardeiñ,
„Wie viel er do werth uf de Heller mag seiñ.

„Zum Annre soll ich em berechne un sage,
„Wie lang er zu Perd braucht, die Welt zu umjage,
„Keeñ Minut noch zu wennig un keeni zu viel, —
„Die Antwort druf, meent 'r, wär mir nor e Schpiel.

„Die dritt Nuß — er heeßt se en gschmackhafde Brode —
„Soll die seiñ, daß ich seiñ Gedanke muß rodhe;
„Er sächt se dann, awwer — des merk der nor seiñ —
„Keeñ Schterwenswörtche dörf Wohrheit drañ seiñ.

„Un wann er keen Antwort kriecht uf die drei Froge
„Do brauch ich mich nimmer als Abt hier zu ploge;
„Er loßt mich zu Esel dann führe durchs Land,
„Verkehrt druf, de Schwanz schtatt 'm Zaam in der Hand!"

Nix weider? sächt do der Hans Bendix mit Lache;
Herr, gebbt euch zufriede, des will ich schun mache!
Nor lehnt mer eur Käppche, eur Kreuz un eur Kleed,
Dann is mers for e Antwort keen bissel noch leed.

Verschteh ich aa nix vun labeinische Brocke,
So weeß ich en Hund doch vum Offe zu locke,
Dann was ihr Gelehrde for Geld nit erwerbt,
Des haww ich vun meiner Fraa Mudder geerbt.

Do hupst der Abt wie e jung Reh vor Vergnüge
Un loßt sein Ornat em Hans Bendix añzieche.
In geischtliche Kleeder vermummt un verkappt
Geht der Schäfer zu Hof hiñ, un meldt sich als Abt.

Zu Thron sitzt der Kaiser, ringsum seiñ Vasalle.
„Gott grüß euch, hochwürdiger Abt vun Sanct Galle!
„Kummt näher her, sagt mer, als gschickder Wardeiñ,
„Wie viel ich jetz werth uf de Heller mag seiñ!"

„„Herr! dreißig Reichsgulde hot Christus gegolde,
„„Drum geww ich, un werd aa bei Hof drüwwer gscholde,
„„For euch keen Liar mehr als zwanzig un neun,
„„Dann um een doch müßt ihr geringer wohl seiñ!""

„Hum, gut, sächt der Kaiser, der Grund loßt sich höre,
„Un kann de durchlauchtigschte Hochmuth bekehre.

„Nie häbb ich, bei meiner hochfürschtliche Ehr,
„Geglaabt, daß e Kaiser so schpottwolfel wär!

„Jetz awwer sollt ihr mir berechne un sage,
„Wie lang ich zu Perd brauch, die Welt zu umjage,
„Keen Minut noch zu wennig un keeni zu viel, —
„Is bodruf die Antwort euch aa nor e Schpiel?"

„„Wann ihr for en kräsdige Renner wollt sorge,
„„Zugleich mit der Sunn dhut ausreite am Morge,
„„Un halt't gleiche Schritt — mein Kopp setz ich draf,
„„In zweemol zwölf Schtund is do Alles gedhan.""

„Ha ha! lacht der Kaiser, ganz prächdiger Hawwer,
„Ihr füdert mein Gäulche mit Wann un mit Awwer;
„Wer mit Wann un mit Awwer recht umschpringe kann,
„Mächt aus eme Bettler en schteenreiche Mann.

„Jetz awwer zum Dribbe, — un nemmt euch hübsch
                                          zsamme,
„Sunscht muß ich euch doch noch zum Esel verdamme, —
„Was denk ich, wo falsch is? — doch merkt euch des Een:
„Mit Wann un mit Awwer solls jetz nimmer gehn."

„„Ihr denkt euch, ich wär der Herr Abt bun Sanct
                                          Galle."" —
„Ganz recht! wie könnt ich uf en Annre verfalle?" —
„„Eur Diener, Herr Kaiser! grad do lichts jo drin,
„„Weil ich der Hans Bendix, sein Schäfer nor bin.""

„Was Henker! du bischt nit der Abt bun Sanct Galle?
Ruft horbig, als wie aus de Wolke gefalle,

Der Kaiſer mit frohem Erſchtaune dreiñ,
„Noñ, gut dann, vun heut añ ſolſcht du 's alſo ſeiñ.

„Ich will dich mim Ring un nim Krumniſchtab belehne,
„Du biſcht jetz der Herr, ſollſcht als Knecht nimmer fröhne,
„Deiñ Vorfahr mächt morge zu Eſel ſein Ritt,
„Wer nit ſät, dem ghöre die Garwe aach nit.“

„„Mit Gunſchte, Herr Kaiſer! des loßt nor hübſch bleiwe;
„„Ich kann jo nit leſe, nit rechne un ſchreiwe,
„„Aach weeß ich keeñ Schterwenswörtche Ladeiñ,
„„Was der Hänſel verſaamt, holt der Hans nimmer eiñ.““

„Wann des alſo nit noch meim Wille kann gſchehe,
„So ſollſcht du doch leer nit vum Kaiſer weggehe;
„Du hoſcht mich ergötzt mit deim luſchtige Schwank,
„Drum bidd dir e Gnad aus, als ſchuldige Dank.“

„„Herr Kaiſer, nit viel haww ich alleweil nöbhig,
„„Doch ſeid ihr mir ernſchtlich zu Gnade erböbhig,
„„So gebbt mer, ich bitt euch, zum ehrliche Lohn,
„„For de Abt, mein hochwürdige Herren, — Pardon.““

„Ah! bravo! ſo wills for eñ Mann ſich gezieme!
„Der Abt vun Sanct Galle kann deiner ſich rühme;
„Um dich is Pardon ihm in Gnade gewährt,
„Dir awwer uf Lebzeit e Panisbrief bſchert.“

„Mir loſſe dem Abt vun Sanct Galle entbiede:
„Hans Bendix ſoll ihm die Schoof nimmer hübe,
„Der Abt ſoll en halde uf unſer Gebott,
„Umſunſcht bis añ ſein ſanftſelige Dodt.“

War werd doch noch was redde dörfe?

(Frei nach Grübel.*)

Es war emol e alder Bauer,
　Der hobb en Acker ghatt mit Kraut,
So schöñ, — er selber hot keeñ schönres
　Sei Lebbag noch im Feld gebaut.

Wer ausem Dorf varbei is gange,
　Is schtehñ gebliwwe un hot gsacht:
„Des Kraut, des dörf sich sehe losse!"
　Dem Bauer hot des Fröd gemacht.

Doch, „licht der Weiñ noch nit im Keller",
　Sächt's Schprüchwort, „is er noch nit meiñ".
So gehts aa do; e Schloßewedder
　Fällt scharf in die Gemarkung neiñ.

Der Bauer hätt verzweifle möge,
　Laaft in seim Schtüwwel hiñ un her
Un dobt: „wie werd meiñ Kraut aussehe!
　„Wann ich nor uf meim Acker wär!"

Er geht an 's Fenschder, guckt an Himmel,
　Geht widder wech, guckt widder naus;
Ja, liewer Gott, 's is nix zu mache,
　Dann 's regnet noch erbärmlich draus.

Kaum war der ärgschde Guß vorüwwer,
　Do langt er gschwind seiñ Wammes her

*) Gedichte in Nürnberger Mundart. III. S. 43.

Un laaft so nüwwer uf sein Acker, —
  Bun Kraut war do keeñ Schtumbe mehr!

„O Je! meiñ Kraut! verfluchde Schloße!
  „Meiñ Kraut is hiñ, die Aerwet aach!" —
Wie er so klagt, dhuts aus de Wolke
  En Blitzer un en laude Schlag.

„O! seid nor ruhig, Ihr do drowwe,
  „Was haww ich denn jetz weidders gsacht?
„Mar dörf doch um seiñ Kraut noch redde,
  „Wo so viel Müh eem hot gemacht!"

Ich kann nix darfor.

(Frei nach Grübel*).

E Goldschmidt war im Schwoweland,
  Ich sag de Ort, — Trippstrill,
Damit mar sicht, daß ich der Welt
  Keen Bär ufbinne will.

Fünf Kinner hot der Goldschmidt ghatt,
  Drei Gselle un e Mahd,
En große Lehrjung, — un so dumm, —
  's war for seiñ Menschheit schad.

Bei dem war recht das Wort am Platz:
  Groß, ehrlich, schtark un frumm,

---

*) Gedichte in Nürnberger Mundart. Drittes Bändchen, Seite 84 ff.

Nadler, Gedichte.   7

Verschwieche, treu un fleißig aach,
　　Un chriftlich — awwer dumm!

Wo so viel Leut beisamme sin
　　Un Eener so e Schtock,
Der is for alle Annre halt
　　Der ewig Sündebock.

So war's aach in dem Goldschmidtshaus:
　　Schtellt Eener ebbes an,
Hot's ewwe Nimmand annerscht als
　　Der Dabbele gedahn.

Wer was verlegt hot, wem was fehlt,
　　Oft eh er noch hot gsucht,
Der hot den arme Lehrbu drum
　　Gezankt un üwwern gflucht.

Verbricht die Katz e Häffele,
　　Der Wind e Fenschterscheib,
Weeß Niemand, wen mar zanke soll,
　　Geht 's halt 'm Jung zu Leib.

Ball hot der Herr, ball hot e Gsell
　　De Kerl darzwische ghatt;
Doch weil er dumm war, hot 's 'm nix
　　An seiner Gsundheit gschadt.

Emol do geht er Owens nuf
　　Un legt sich in sein Bett,
Un die drei Gselle hawwe noch
　　Bun allerhand geredt.

Sächt Eener: „unfer Meeschter kraßt
  „Sich heemlich hinnerm Ohr,
„Der Kinnerfege kummt 'm scheints
  „Doch ball zu reichlich vor.

„Nor öffentlich do sächt 'r nix,
  „Dann flott muß 's beiem sein,
„Un wann die Fraa ins Kindbett kummt,
  „Do fehlt 's uns nit an Wein."

„Was?" sächt der Jung, — „ins Kindbett kummt?"
  Un werd 'm angscht un bang;
Do gehts Geuhz dann middem ah
  Un währt noch schtundelang.

Vor Schwulidäde schlooft er kaum
  Un denkt: „des is mer schöh!
„Wann des jeß aa noch uf mich kummt,
  „Do werd mers sauwer gehñ!"

Am annre Morge eilt er sich,
  Un gibt sich alle Müh,
Nor daß er gschwind zum Herre kummt,
  's war noch in aller Früh.

Noh, sächt der Herr, was willscht dann schun?
  Geh, kämm nor erscht dein Hoor!
„Ach Meeschter, sein Se nor nit bös,
  „Ich kann jo nix darfor!

„Sie wisses selwer, wie mers geht
  „Im Haus Johr aus Johr eiñ,

„Wo ebbes gschicht un is nit recht,
 „Muß ich der Dhäter sein.

„Drum sag ich 's schun zu guter Zeit
 „Un bau em Zanke vor:
„Wann die Madam ins Kindbett kummt,
 „Do kann ich nix darfor!"

Der Geesbock un die Dobtebeen.

(Frei nach Grübel*).

En Geesbock hawwe Zwee schun lang
 Ufm Korn ghatt imme Haus,
Sie häbb'nen gschtohle gar zu geern,
 Wie bringt marn awwer raus?
Sie schteige zu 'me Lade nein,
 Jetz weider kann mar nit,
Do is e Sack mit Nüß geweßt,
 Den nemme se halt mit.

Die Nüß, die hätt mar jetz e Weil,
 Halbpart ghört jedem Mann;
Jetz jächt der Een: „ich weeß en Platz,
 „Wo mar glei dheele kann;
„Geh numme in de Kerchhof mit,
 „Un links ins Beenhaus nein,
„Un zähl un dheel so ehrlich dort,
 „Dann do werscht sicher sein."

*) Gedichte in Nürnberger Mundart, I. S. 31.

„Derweil prowir ich's noch e Mol,
    „Vielleicht krich ich de Bock;
„Hemmäärmlig bin ich nit genirt,
    „Nemm du e Weil mein Rock.
„'s muß freilich nig grad heut noch sein,
    „Weil 's so nit dunkel is,
„Doch wann ich kann, bring ichen her,
    „Theel unnerdeß die Nüß.“

E rechder Dieb weeß nix vun Furcht,,
    Kaum gsacht, werds aa gedhan,
Der rabbelt in seim Nußsack rum
    Un fangt zu dheele an;
„Hoscht du dein Theel, haww ich mein Theel,
    „Die ghöre mein, die dein“;
En Sack noch hodder bei sich ghatt,
    Do kummt des een Dheel nein.

Un wie sich Alles in der Welt
    Oft grad so schicke muß, —
Der Parre wohnt in Kerchhof nein,
    Un hobb en böse Fuß;
Der Fuß, der dhut em gar so weh,
    Er meent, er hälts nit aus,
Vor lauder Schmerze guckt er Nachts
    E Weil zum Fenschter naus.

„Was is dann des? — was hör ich dann?
    „Des muß im Beeshaus sein!
„Die Knoche rabble — klipp di klapp —

„„Do die ſin meiñ, die deiñ!"“
„Ich bleib um Alles in der Welt
„Nit länger do alleeñ,
„Dann wie ich hör, ſo dheele jo
„Die Dodte ſchun die Beeñ!"

Bum Parrhaus geht mit Fleiß e Dhür
Ins Glöckershäuſel neiñ,
Daß wann mar gſchwind den hawwe will,
Er glei aa do kann ſeiñ.
Jetz hot der Parre nümwer gſchellt,
Glei war der Glöckner do,
Der geiſchtlich Herr hot Gott gedankt,
Un ſächt: jetz bin ich froh!

„„Herr Parre, ei was is dann los?"“ —
„Ach! guck Er nor do naus,
„Un horch er des Geklapper añ
„In unſerm Dodtehaus!
„Das Sündenmaaß der Welt is voll,
„Glaab Jeder was er mag,
„Die Dhodte dheele ſchun die Beeñ,
„Jetz kummt der jüngſchte Dag!"

Der Glöckner horcht, er hört aa was,
„„Ja, ſin dann des die Beeñ?"“
„Ja freilich! ei was wär's dann ſunſcht?
„Mich daurt nor meiñ Gemeeñ;
„Jetz mach Er, daß ich doch nor gſchwind
„Meiñ Leut noch tröſchte kann,

„Trag er mich niwwer in die Kerch
  „Un läut er zsamme dann!"

Der packt 'n uf, „Herr Gott, wie schwer!
  „Ich meen, ich hotzel Drei!"
Seiñ Weg geht durch de Kerchhof durch,
  Am Beeñhaus grad varbei,
Jetz meent der wo die Nüß drin bheelt,
  Der mibbem Bock müßt's seiñ,
Un sächt: „do haww ich 's Messer schun,
  „Do, Schtoffel, trag en reiñ!"

„E Messer? hot der Glöckner gsacht,
  „Noñ ja, des wär so was!"
Un schmeißt en gschwind als wie en Sack
  Vum Buckel ab ins Gras,
Do sicht mar awwer, was die Angscht
  Bei Manchem mache muß, —
Er is geloffe wie der Wind
  Mit sammt seim böse Fuß.

Ob der noch länger hot gewart't,
  Ob der de Bock bringt mit,
Un wo die Nüß hiñkumme siñ, —
  Des weeß ich Alles nit.
So hot mar mir's halt grad verzählt,
  Nit weider als so weit,
Un so verzähl ich's widder jetz, —
  's is aa genuch for heut!

Vermischte Gedichte.

Der Jhettaschteeñ in Heidelberg.

Wo der Schteeñ licht, Mudder, willscht du wisse,
   Wo mich feschtbannt hier, der gscide Schteeñ,
Daß ich nimmer auß dem Dhal kann kumme,
Hunnertmol hab Abschied schun genumme
   Un kann doch halt nie un nimmer gehñ?

Wo der Schteeñ licht? — Muscht die Jhetta froge,
   Wo en, noch in alder Heidezeit,
Drowe im Gebirg hot gjucht un bhaue;
Wer druf tret, muß hier seiñ Hüttche baue,
   Dozu hot se 'n zauverkräfdig gfeit.

Wo der Schteeñ licht? — soll ich's dann verrobhe?
   In dem Gässel vor meim Schatz seim Hauß!
War jo doch keen annre Weg noch gange,
War beim erschte Tritt dorthiñ schun gfange --
   Un mim Fortgehñ is 's uf ewig auß!

Der Neckar in der Ghannsdagsnacht.

Wann d' je in der Ghannsnacht fische fährscht
   Uf de Neckar, in der dunkle Nacht,
Wann d' im Schtrom um Hülf was rufe hörscht, --

Junger, merk ders un nemm dich in Acht!
Un wann 's lautt, als wenn Eener vertrinke will,
Bleib schtill, um Gottes Wille, bleib schtill!
Der Neckar is 's selwer, er hot die Macht,
Er verlangt e lewendigi Seel die Nacht.

Wann in der Ghannsdagsnacht Eener bad't
Im Neckarschtrom, in der waarme Nacht,
Befehl er sich Goddes allmächdiger Gnad, —
Er is hiñ, wannen die nit bewacht.
Wann's Wasser reißt, do hebt sich e Hand,
Die ziechd en in Schtrom, — er meent an's Land!
Der Neckargeischt is es, er hot die Macht,
Er verlangt e lewendigi Seel die Nacht.

Drei Dag lang find't mar be Dodte nit,
Drei Dag lang un drei Nacht,
Am virde erscht bringd en 's Gewässer mit
Aussem Grund ruf, un rauscht mit Macht. —
Do seht 'r jo, 's is keeñ nabürliches Ding:
Er hobb um de Hals rum en blooe Ring!
Der Neckargeischt war's! — Er hot die Macht,
Er holt sich e Seel in der Ghannsdagsnacht.

Em Palzgraf seiñ holzerner Dum.

Ju Köln, in der heilge Schtadt Köllen am Rheiñ,
Do wachse die Kerchebhörn wild;
Do schteht e großmächdiger schteenerner Dum,
Un Prozessione gehn rings drum erum,

Viel schöne Albär un manch gnadereich Bild
Is dort zu Köllen am Rhein.

Am Rhein, vun de Felseberg hoch üwwerm Rhein,
　　Do gucke die Burge ins Dhal;
Viel Burge mit runde un eckige Dhörn,
Die sage zum Schtrom als gebiedende Herrn:
　　„Rhein! nemm dich hübsch zsamme un schnür dich
　　　　　　　　　　　sein schmal,
„Mir wolle 's, gehorch uns, o Rhein!"

Der Palzgraf bei Rhein is e fröhlicher Mann,
　　Der baut an de Berg hin sein Wein,
Der baut sich e Burg, un die Burg is sein Schtolz,
Un baut aach en Dum, und der Dum is vun Holz,
　　Un sächt als e gnädiger Herr zu seim Rhein:
„Mach Er sich so breet als er kann!"

Zu Heidelberg in der Palzgrafeburg
　　Do sicht mar den holzerne Dum;
Un is er nit eckig, so is er doch rund,
Un Wallfahrer kumme noch heut uf die Schtund,
　　Aus aller Herrn Länder nach Heidelberg frumm
Zum Palzgraf seim Dum uf der Burg.

Gott grüß dich, du runder dickbauchiger Dum,
　　Gebaut vum Palzgrafe bei Rhein!
O! wär ich geweiht doch zum geischtliche Schtand!
O! wär ich erkore als Dumdechant!
　　Do hädd ich en Krahne als Schlüssel zum Wein,
Un Amt un Gewalt bei dem Dum.

O weh! Euer Burg, o fröhlicher Herr,
   Is verwünscht un in Trümmer schun lang!
Un fließt aa durch's Land noch der goldene Rhein,
Wächst aach uf de Berg noch der feurige Wein, —
   Verscholle, verschtummt is der fröhliche Gsang,
Eur Dum is verlosse un leer!

E Hochzich im Odewald.

(E Genrebild.)

Hoch dromme an der rußige Wand
   Zu Schimmedewoog im Bäre,
Do hängt amme Klowe, die Geig in der Hand,
Uf'me holzerne Lahnschtuhl der scheel Musigand,
    Un schtreicht un geigt
    Un geigt un schtreicht
  Dem Hochzichpaar zu Ehre.

Die Lichtspän in der Mauerblend,
   Die sackle roth un flamme,
Der Hochzeider drückt der Hochzeidern die Händ,
Un's jung Volk dreht sich un schtampt un rennt,
    Un newenein,
   . Bei Kuche un Wein,
  Do sitze die Alde beisamme.

Un's Päärle des gähnt un schmunzelt darbei,
   Doch dörfe se selwer nix sage;
's kummt Eens nöch em Annere als an die Raih,
Un's Schlofegehn aa, wann der Danz is varbei!

Em Musigand
Ruht Geig un Hand
Erscht wann's zehn Uhr hot gschlage.

Zum Kehraus, do schpielt'r en Ländler noch uf, —
's is en alder Gebrauch so dorthinne, —
E luschtiger Grootopp, e bissel im Suff,
Der wackelt enunner die Schtub un eruf,
Sein babierener Schwanz,
Der ghört zum Danz,
Den müsse die Brautleut anzünne.

Sie laafen em nöch mit de brennende Schpän,
Ja gell! wanner ruhig blieb schtehe!
Fibibilda, fibibilda, wie schwänzelt'r schön,
Wie biegt'r sein Knie un wie schlänkert er's Bees!
Jetz mächt er's zu End,
Juchheisa! er brennt! — —
Un's Päärle? — is nimmer zu sehe!

Alt England hoch!

(Der Großvater spricht.)

Früherhin an schöne Sunndäg-Morge
Bin ich naus als gange in de Wald,
Hab vergesse all mein Werdagssorge
Uewwerm Vochelsgsang, wo draus erschallt.

Simmer als bis an die simwe Eeche,
Wo des kleene Waldkabellche schteht,

Mit de albe enge Fenschterböge,
  Links vum Weg wo 's nuf waldeinwärts geht.

Wammer müd als bis dorthin sin kumme,
  Hammer nein uns gsetzt un ausgeruht,
Un minanner gsucht noch Maieblume
  Odder was grad sunscht war in der Bluth.

Un mein lang verschtorwe Kind, mein Fränzel,
  Hot dem alde Muddergoddesbild
Jedes Mol e frisches Blummekränzel
  Ufgsetzt, un die Nisch mit Laabwerk gfüllt.

Ich bin sunscht nig grad so arg ufs Bede,
  Doch dort haww ich immer geern gebet't;
Worde waremer nit viel vunnödhe,
  Dann mein Kinner ware mein Gebet.

Heut mit Noth in meine alde Dage
  Haww ich noch mein Enkelin hingführt; —
Ach! des alde Bildche war verschlage
  Un die Wänd mit Name schwarz verschmiert.

Un e Welscher mine Schuhwichsbensel
  War grad drin un draus un hot gemolt,
For e Dam mit allerlee Scherwenzel
  Dann e Schtück vum Bildche rummergholt.

Ich möcht nimmer an 's Kabellche kumme,
  Wann mein Fußwerk aa noch schtärker wär;
Habb for immer Abschied heut genumme!
  Fliegt ihr Schtörch jetz als mit eure Schneegäns her!

E Kindsmädel.

O Kind! meiñ aarmes Kind! meiñ Kind! — der Dodt
war kalt
Mit seiner Hand schun üwwer dir,
Un hoscht nöch mir gewimmert noch mit schwacher Schtimm:
„O! lieb, lieb Amma, Amma, bleib bei mir!"

Un ich — bin weit so weg geweßt schun aus em Haus,
Ich habb de Dodtesschweeß meim Kind
Nit abgewischt! — Un seiñ Französin hot sich gförcht;
Dann welsch Gsind is gar seiñ un vornehm Gsind!

Un — oh! seiñ Mudder! — hot se dann zu mir nig gsacht,
Die Nas gerümpt, in schtolzem Ton:
„Deiñ Lieb? des war nix weider als deiñ Schuldigkeit;
„Wofor bezahl ich dann den große Lohn?"

Gott! wann ich heut noch fortzukumme nimmer wüßt
In dere fremde weide Welt,
Wann alles Elend, wann der Hungersdodt druf schtünd,
Ich hätt keeñ Lieb um Lohn, keeñ Lieb fors Geld!

O! wie 's beim Abschied mich noch küßt, am Oschterdag,
Gegreint hot, un ums Herz so schwer
Em war, — do frogt se 's noch, die Mudder frogt ihr Kind,
Ob 's dann nit wüßt, daß ich e Mahd nor wär?

O Kind! meiñ Kind! schlof ruhig in deim grüne Bett,
Deim Bett, mit frischem Gras gedeckt, —
Frisch nor vum Nachtdhau, nit vun Mudderthräne frisch! —
Bun Mudderklage werscht nit ufgeweckt!

Treu noch im Dodt.

Ich bin e albi schart'gi Kling,
Schtell nix mehr vor, e werthlos Ding, —
Nor werft mich nit zum Rumbelzeug,
Zum alde Eise werft mich nit!
War doch zur Zeit vun euerm Reich
    In manchem schwere Treffe mit!

Eur Reich! — oh! 's is schun gar zu lang,
Daß uf dem feuchde enge Gang
Im dunkle Eck mein Ruhplatz is
Un Nimmand nöch mer frogt un sucht, —
Daß nor beim Fege alle Johr
    Emol e Mahd mich packt, un flucht!

Mein guder edler Herr un Freund
Is mannhaft gfalle vorrem Feind
Bei Stockach dromme in' der Schlacht,
Em junge Erzherzog zur Seit:
Der Erzherzog, — sagt, lebt 'r noch? —
    's is lang seit seiner Jugendzeit!

O! bringt ihm noch aus weider Fern
De letschte Gruß ins Oeschterreich;
Nennt ihm de Junker Louis, mein Herrn, —
Er denkt an ihn noch, un an mich;
Dann wo die Schlacht am lautschte hot
    Gebrüllt, do war aach er un ich.

Mein Zeit is aus — seit unser Schloß,
Em junge Grafe zu Befehl,

En bunde leichde Nymphetroß
Schtatt schwere harde Waffe ehrt, —
Seitdem mar drin im Männerjaal
   Nor Weiwergjang un Harfe hört.

Dort drüwwe, schwarz vun Schmutz un Raach,
Hängt unnerm Dach meim Herr jein Bild,
Vergeſſe jeit ſo manchem Dag.
Oh! 's is mit ihm un mir vorbei!
Dhut uns noch zſamme, Roſcht zum Raach!
   Sein Dege bleibt 'm ewig treu.

Die hochdeutſche Nähdersmädle.

Perſonen:

Hulda.
Laura.
Daniel, e alder Jäger.

Hulda.

Valſalamoniſch iſt die Abendluft,
Ein wahres Laubſal dieſer Blüthenduft!
Ach! wie das holde Sephyrettchen zäuſelt
Und dort am Himmel Lämmerwolken kräuſelt!
Guckt! wie die Schnoke in den Lüften geigen!
Hier fühlt man höher ſeinen Buſen ſteigen,
Die Haut juckt eem, als wollt ſie Knospen treiben,
O! wenns nur ewig Frühling könnte bleiben!
Wie ſin die Berg ſo purpurn baßbolirt!
Iſt der ein Menſch, den ſo etwas nicht rührt?

Laura.

Was babb mich 's Gras, was babbe mich die Blüthe,
So lang 's goowebbelt drin in meim Gemüthe?
Was babb's in höhern Religionen schwärmen,
Wenn süße Triebe nicht den Busen wärmen?
Dein Herz empfindet sanft die Reize der Natur,
In meinem grawwelt mir e hoorigi Katzeschpur.
Dort wo im Abendroth der Schornschte raacht,
Dort wohnet Er, um den mein Herz sich plagt,
Der kalt ist gege mich un liebelos,
Deß Busen nor empfindet for des Dos,
For die Lawatsch, die Pihuz, die Schlamp, die Schwarf;
O! daß ich mich an ihr nicht rächen darf!

Hulda.

Ach, Laura! daß ich hier so ebbes höre muß!
Bei dir heißt 's recht: „was nutzt der Kuh Mus=
                          catenuß!"
Kann denn das süße Nachtigallenflöten
Nicht auch die wildste Eifersucht ertödten?
Muß ich's denn überall un immer riechen,
Wenn saure Stöße deinem Hals entfliegen?
Mit deiner Liebe störst du jeglichen Genuß.
Blick hin, die Sunn gibt eben uns den Abschiedskuß;
Der Buffink peist im Laab, den Schöpfer lobend,
Ein wahrer Wonneabend ist's heut Owend!
Schau! wie vergoldet ist dies Quetschebämche,
Die schlanke Birke dort gleicht einem Dämche
Im weiße Hochzigkleed un grüne Schleier.

Nadler, Gedichte.   8

Der junge Käschtebaam ist wohl der Freier;
Schon hebt im Osten dort der Mond sein Silberhaupt; —
Ach Gott, wie schön ist die Natur doch überhaupt!

Laura.

Ach, Hulda! — „Quetschebämche" — Hochzig-
kleed!"
Um deine Bildung ist mir's wirklich leed,
Wie kannst du nor so neckarschleimig schprechen?
So Worte würden mir die Seele brechen,
Sie dhun mer meinen Busen zsammeschnüre,
Mar kann jo so was gar nich buschtewire.

Hulda.

„Nicht buchstabiren" hoschte wolle sage, —
O nenne mir das Wort, ich werd es wage.

Laura.

Noñ nemm deiñ „Quetschebämche", buchstabir's!

Hulda.

Du täuschest dich, Geliebte, ich probir's,
Das ist ein Leichtes! — Ku=u=etsche=Quetsche,
Be=e=be, emche=bämche=Quetschebämche.

Laura.

Du kleine Schäkerin bist nich so doh,
Du buchstabirst's, allein mar sächt nit so.

Hulda.

Ach Laura, sieh, man sagt doch nicht „mar sächt",
Mar sächt: „man sagt", — du selwer schprichscht so
schlecht
Un bhuscht mich alsfort liebelos curgire;
Laß uns vun ebbes Andrem bischkerire!

Laura.

Nun wohl, ich will dir ein Kapitel nenne, —
's ist meine Liebe! — bhu mich nor nit schänne!
Nur Ihn seh ich im Traam mit seiner Peif;
Begegn' ich ihm, so grüßt er kalt un schteif,
Do möcht ich schtrümpig in die Einöd renne,
Sollt auch mein Fuß im Wüstensand verbrenne;

> „Das Feuer brennt so sehr,
> „Die Liebe noch viel mehr;
> „Lebe wohl, geliebter Boden!
> „Von der süßen Heimath fern
> „Folgen wir den fremden Herrn;
> „O wie glücklich sind die Todten!"

O Hulda! einz'ge Hulda, die ich habe,
Gedenk an Laura auch im kühlen Grabe!
Wird mir nicht Liebe, Friede nicht da drinne,
Wozu soll ich auf Erden mich noch schinne?
Freiwillig sterben zeugt von Seelenadel, — —
Du, sei so gut un lehn mer e Hoornadel,
Mein Zopp will falle, morge krichscht se widder.

Hulda.

Haarnodel heißt's, — 's wird mir im Mund ganz bitter.

Daniel

(der inzwischen unbemerkt von ihnen aus dem Gebüsche vor-
getreten ist).

Hoornodel heeßt's, ihr Gäns, Hoornodel heut,
Hoornodel bis in alle Ewigkeit!
For Leut wie mir is's doch e wohri Plog,
Verbumfeit Eens so wüscht sein Mudderschproch.

(Hulda und Laura entfernen sich).

Ich meen als schun, der Winder hätt e End genumme,
Wann awwer so die Schneegäns widder gfloche kumme,
— Ei, guck e Mol! die Mädle sin jo fort! —
Ich habb se freilich aach e bissel angeschnorrt,
Doch war's nit bös gemeent; — jetz is mers leed;
Ich hedden jo ihr Häls nit rumgedreht!
Ja! wär ich noch um vierzig Jährlin jünger,
Do wärn se mer nit fort! — 's sin sauwre Dinger!
's is halt nix mehr mit so 'me albe Knapp,
'me groe Kopp sein Marsch, der geht bergab!
Die Jugend schpür ich nor noch in der Zung,
Beim Kuschtere umm Wein! — un in der Lung,
Wann's gilt zu rufe laut: Hoch fröhlich Palz,
Un pälzer Schproch, un pälzer Lewe — Gott
erhalt's!

Er singt:

(Volkslied mit einfallendem Chor.)

Ein Jäger aus Kurpalz,
Der reitet durch den grünen Wald
Und schießt das Wildpret all,
So wie es ihm gefällt.

Chor. [Ju ja ju!
  Ja lustig ist die Jägerei;
  Allhier auf grüner Haid,
  Das Jagen ihn erfreut. :,:]

Ich sattle mir mein Pferd,
Setz mich auf meinen Mantelsack
Und reite weit umher,
Als Jäger aus Kurpalz.

Chor. [Ju ja ju!
  Ja lustig ist die Jägerei,
  Auf jeder grünen Haid
  Das Jagen mich erfreut. :,:]

Hubertus auf der Jagd,
Der schoß ein'n Hirsch und einen Haas,
Un traf ein Mägdelein,
Das unterm Baume saß.

Chor. [Ju ja ju!
  Ja lustig ist die Jägerei,
  Allhier auf grüner Haid
  Das Jagen ihn erfreut. :,:]

Jetz geh ich nicht mehr heim
Bis daß der Guckuck guckuck schreit,
Die Jagd im grünen Wald
Und Lieben macht mir Freud.

Chor. [Ju ja ju!
Ja lustig war die Jugendzeit
Allhier auf grüner Haid,
Als Lieb uns noch erfreut. :,:]

Die Tante Schlemmelmann un ihr Umschtand.

oddcr

'ß unnerbrochene Familiecuncert.

Personen:

Fraa Brockelmaier.
Träudche, ihr Dochter.
Michel, } ihr Söhn.
Mathes, }
Frabas Schmarenfeld.
Tante Schlemmelmann.
Dr. Stelzebach.

Fraa Brockelmaier.

Ja, Träudche, guck, des is dein Eegesinn!
Ich seh, du hoscht nor drei Salvede drinn
Un 'ß gehöre fünfe nein, sunscht bambelt'ß Kleed;
Es müsse zwee noch nein; mach fort, 'ß werd schpät;
Schütt köllisch Wasser druf, daß 'ß nit nöch Schwarz=
                     wäsch riecht;

Wann's nor dein Bicqué=Unnerrock nit runnerziecht!
Aa 's Fedderkisse is nimmehr recht rund,
Un des verschändt bein ganze Hinnergrund. —
Wann nor heut Owend Alles orntlich hält!

Träubche.

Ach jo! Sie hawwe mer's jo selber gschpellt.

Fraa Brockelmaier.

Trink noch e Ai, des mächt die Gorchel glatt;
Kau Korianner, wann's der Schtimm nix schadt,
Do is deiñ Odem aach e bissel parfümirt,
Wann dich der Docter an de Flüchel führt.

Träubche.

Ach Gott, was soll ich dann mim Docter rebbe?

Fraa Brockelmaier.

Was d' rebbe sollscht, du Gans? — des is mer schöñ!
Loß ich dich dofor in die Danzschtund gehñ?
Kaaf ich dofor des Buch um gute Ton?
Du bischt jo wie e baawi Kaffebohn!
Rebb vun der Musik, — Scalera — Duette —
Dacapo — Strauß — Abagio — Meyerbeer, —
Hol deiñ drei neue Kallopade her;
Rebb vun der Jenny Lind, vun Webder heut,
Vun deim Gemüth, vun deiner Weiblichkeit;
Vun neue Sauerkraut, vun dem Roman,
Wo mir jetz lese, vun der Gräfin Hahn;

Bun unfre dörre Bohne, — Koche, Flicke,
Bun deiner Häuslichkeit in alle Schtücke:
Nemm „die Jungfrau wie fie fein foll" in die
                   Hand, —
Sag du wärscht unwohl, — mach dich intreffant;
Un wann b' nix annerscht mibbem weescht zu schwätze,
Do fag, er foll sich an be Flüchel fetze,
Do dhuscht vierhändig mibbem phandasire,
Der Michel geigt barzu, mir applaubire,
Der Madhees blost die Flöt, — so geht der Owend rum. —
Herr Jeh! sie kumme schun! — Herein!

Frabas Schmarenfeld.

Gundach, gundach, Frabas! gundach, liebs Bäsel!

Fraa Brockelmaier.

Gundach — Frabas! — Ei! fell mich Ihne! guck e Mol!
Mar weeß jo gar nit, wo mar des hinschreiwe foll,
Daß die Frabas sich widder bei uns fehe loffe!
Wär unfer Freundschaft nit so alt, hätt's mich verdroffe.

Frabas Schmarenfeld.

Verdroffe, sage Se? o! gehne Se, Frabas,
Un zobbe Sie sich als an Ihrer eegne Nas!
Seit vorrem Johr bei unferm reformirde Thee —
's war grad am Dag vor fellem große Schnee —
Sin Sie un's Bäsel Träudche eem am Haus varbei,
Als wär's e wildfremd Land for Sie, wie die Derkei; —
Was mächt bann's Bäsche? — ah! ich feh, recht wohl!
Ich weeß nit, ob mar grabbelire dörf und foll?

Träubche.

O gehne Se!

Fraa Brockelmaier.

Die Schtadt weeß mehr als mir.

Frabas Schmarenfeld.

Ja, ja, die Mussik, 's Singe, des Clavier,
Des bringt bie Päärlin zsamme! — un des Träubche,
Des schtille Kind, uf ecnmol is's e Bräutche!

Träubche.

O gehne Se!

Fraa Brockelmaier.

Herein! — Aha, die Tante!
Gundach — gundach! Ei, sell mich Ihne, guck e Mol!
Mar weeß jo gar nit, wo mar des hiñschreiwe soll,
Daß die Fraa Tante widder zu uns kumme!
Wär unser Freundschaft nit so noh —

Tante Schlemmelmann.

Ja, wann Cuncert is, fehl ich nie, Fraa Nichde;
Wann's Träubche singt, do weeß ichs eiñzurichde.
Geh her, meiñ Kind, kumm, gebb deiñ Hand nor her,
Du weescht, die Tante kumme niemols leer, —
Da, Träubche, loß ders schmecke, präsendirs aa rum!

Träubche.

Ach liewi Tante, des is jo Calphonium!

Tante Schlemmelmann.

Ah so! — gebbs her — wie dumm bin ich, Gotts Blitz!
Do is for dich e Düttche mit Lackritz;
Ich habb gedenkt, des will ich dir heut bringe,
Do kannscht die Gnade=Ari' aa recht schön singe;
's Calphonium haww ich for dein Michel kaaft,
Daß heut sein Fiddelboge orntlich laaft;
Un daß der Mathees nig ganz leer ausgeht,
Haww ich Süßmandelöl do for sein Flöt. —
Lackritz, des is e Hauptsach for e Sängerin!

Fraa Brockelmaier.

Erlaawe Se, Fratant, ich halt nix druf,
Dann singt die Träudche, un mächt's Maul recht uf,
Un kummt die Zung beim Gsang e bissel raus,
Sicht Alles innewennig schwarzbraun aus,
Wie wann e Offerohr ausnanner geht;
Un wann mar do beim Singe beier schteht,
Do rieche all ihr Tön nöch Bäredreck.

Tante Schlemmelmann.

Ah was, Fra Nichde, gehn Se mer doch wegg!
Mich hot noch Nimmand in der Kerch beredt,
Daß ich mit Bäredreck mein Gorchel eingschmiert hätt,
Un doch gschichts alle Sunndag, eh ich sing.

Träudche.

Ja! des is awwer doch e anner Ding!
's is wegenem Geruch!

Tante Schlemmelmann.

Geruch! — ach was!
Der Gsang, der is fors Ohr, nit for die Nas!
Es kloppt Jemand — Herein!

Fraa Brockelmaier.

Herein!

Träubche.

Herein!

Fraa Brockelmaier.

Ei, guck! Herr Docter!

Dr. Stelzebach.

Guten Abend! Guten Abend!

Alle.

Gunbach, Herr Docter!

Fraa Brockelmaier.

Ei, des is ja schön,
Daß Sie uns aa die Ehr heut schenke! Träubche, Thee!

Dr. Stelzebach.

Ei, guten Abend, Fräulein Träubche, — doch recht wohl?

Träubche.

Bitt Ihne, nit so ganz; des letscht Cuncert
Hot mich so añgegriffe, — 's Lied vum Schwerdt! —

Tante Schlemmelmann.

So Lieder dörft mar mir schun gar nit singe;
Die Säwel dhun mer noch in meine Ohre klinge
Bun dene Eiñquardirungszeide her;
Wann ich drañ denk nor, an des viele Milidär,
Wo ich zu seller Zeit im Haus habb ghatt, —
Ich meen, do kricht mar schun die Schwerdter satt!

Dr. Stelzebach.

Ja, Madam Schlemmelmann, das is auch meine Meinung;
Nur Alles hübsch zu seiner Zeit, zu seiner Zeit!
Mir Männer könne unter uns davoñ schun rebbe,
Nur Alles hübsch nach Zeit un nach Gelegenheit!
Mir rebbe awwer liewer middem Schwerdt
Als von de Schwerdter, ha ha ha! — Gut deutsch,
Gut deutsch, da redt mar middem Schwerdt!
Mar kann auch schreiwe mit, auch schreiwe mit,
E Stammbuchversche Eim ins Gsicht, ha ha ha ha!
Fractur, Fractur! Ich habb schun selwer gschriwwe,
Da redt mar aber nit davoñ bei Frauenzimmer,
Keeñ Wort, keeñ Wort, — dann 's zarte Gschlecht
Braucht nix zu wisse von so Männersache;
Ich wenigstens, ich redd keeñ Wort bei Dame
Von dene Sache! Wissen Se, mar muß
Als mannichmal, als mannichmal sich duellire,
Un wenn mar muß, da is es 's Allerbescht,
Mar macht das Ding so ab in aller Schtill,
So Morgens nachem Frühstück, nachem Frühstück,
Da gehts am beste, haww ich immer gfunde,
Das is so meiñ gewöhnigliche Zeit, — so als —

Träubche.

Ach! was die Männer doch so grausam sin;
Sich so zu haue, schteche, schieße — un um was?
Oft um e Sach, wo kaum e Bohn is werth!

Dr. Stelzebach.

Ja, Fräulein, das is halt der Ehrepunct!
Dann is der Ehrepunct nur erbsegroß,
Da muß 's halt sein; biff, baff! — da knallts, da knallts!

Fraa Brockelmaier.

Ach Gott! Sie sin halt aach wie alle Annre!
Mein Träubche, sing doch Ihne, weescht, des Lied,
Des schöne Lied vun dem Duell. —

Träubche.

Ich kanns nich ganz!

Dr. Stelzebach.

Ach ja, mein liebes Fräulein Träubche, bitte, bitte!
Sie singe was Se wisse: ich bin schun ganz Ohr!

Tante Schlemmelmann.

Fra Nichde, rufe Se de Mathees mit der Flöt, —
De Michel aach, der muß accumpanire
Mit seiner Geig!

Träubche.

Ach Mubber, wie fangts an?

Fraa Brockelmaier (fingt).

O! höret an die Schreckensthat,
   Die sich hat zugetragen,
Da ein Civil und ein Soldat
   Sich im Duell geschlagen;

Träubche (am Flügel, der Doctor accompagnirt mit dem
Flügel, Michel und Mathees spielen die Melodie, und zwar
fehlerhaft), fortfahrend:

So waren, o du liebe Zeit,
   Zwei tapfre junge Edelleut,
Wie es in alle Ewigkeit
   Nicht wieder zwei wird geben!

Die Ehre ist ein falsches Gut,
   Darnach thu ich nicht trachten;
Viel tausend lassen drob ihr Blut,
   Wenn sie einander schlachten —

(sie hält ein, Michel und Mathees spielen weiter.)

Tante Schlemmelmann.

Schön gsacht! schön gsacht! „wenn sie einander
               schlachten",
Könnschts norre ganz!

Träubche (fingt weiter):

Der Leutenant, der hatte zwei
   Gezogene Pistolen,

Tante Schlemmelmann (dazwischen).

Ja! ungezogene sollts heeße!

Träudche.

Die ließ er zu dem Kampf herbei
Durch seine Freunde holen;
Er lud sie gut, so wie man muß,
Mit Pulver, Propf und Blei, zum Schuß,
Und fuhr zu Wagen, nicht zu Fuß,
Hin, wo man schießen wollte.

Sie müsse awwer aach im Chor mitsinge helfe!

Alle.

Er lud sie gut u. s. w.

Träudche.

Ich kann's schun widder nit ganz recht! (singt)

Bedenkt euch, eh ihr euch entschließt,
Es gilt ein Menschenleben!
Denn wo man mit Pistolen schießt,
Kann's großes Unglück geben.
Das Pulver ist ein garstig Kraut,
Und wer da einer Kugel traut,
Der hat auf Spreu und Sand gebaut,
Wie hier Figura zeiget.

Alle.

Das Pulver ist u. s. w.

Tante Schlemmelmann.

Des is emol schön un recht vernünftig!

So Lieber gfalle mir! „Kann's großes Unglück
                                    geben!"
Sing weider, liewes Träubche.

Träubche.

O! Leutenant! voll Rachbegier
    Bist du hierher spazieret,
Und wirst als todter Cavalier
    Nun wieder heimgeführet!
Du siehst nicht mehr, wer um dich ist
Und Thränen über dich vergießt; —
Dieweil du todtgeschossen bist
    Und wirst nicht mehr lebendig!

Alle.

Du siehst nicht mehr u. s. w.

Dr. Stelzebach.

Ich muß dadrüber etwas sage, sage,
Ich weiß, warum es angegange is!

Träubche.

Und wenn mein Lied dich weinen macht,
    So laß die Thränen laufen;
Doch denk dabei, der es erdacht,
    Der will es auch verkaufen!
Drei Kreuzer ist ein Lumpengeld,
Du lernst dafür, wie in der Welt
Es sich mit dem Duell verhält,
    Drum zahle einen Batzen!

Alle.

Drei Kreuzer u. f. w.

Tante Schlemmelmann.

En Batze? wann ich's Hemm um Leib verkaafe müßt,
Wer des gemacht hot, der verdient's! so schön!

Fraa Schmarenfeld.

's is schad, daß 's nit noch weider geht! neeñ awwer,
Träubche,
Ich bin ganz wweech! Des Lied — wie Sie des singe —
E Aloésharf kann schier nit schöner klinge!

Fraa Brockelmaier.

Ja, bhäte sich's die Männer nor zu Herze nemme!
Alleeñ des geht do neiñ, un drüwwe wibber nauß! —
Mar hot so viel vun dere Gschicht schun ghört,
Ich möcht doch wisse, ob sich Alles so verhält.

Dr. Stelzebach.

Das ewe wollt ich vorhin sage;
Ich weiß genau wie's war, un auch warum,
's kanns Niemand besser wisse außer mir.
Sie kenne doch die Fraa Geheimeräthin
Von Bretzeberg in Mannheim? die hat mirs erzählt;
Die Fraa Geheime Oberpostrevisern,
Die is ihr Freundin, — also kann se's wisse;
Un auch der Fraa Geheime Registrator

Rosselló ihr Babettche, — wissen Se, das Mädche,
Wo bei ihr is, die hats uns grad so gsacht. —
Also, der Oberpostreviser geht emal
Um zehene nach Haus, un findt im Hausgang en Soldat,
Un denkt nit anderst als: des is der Magd ihr Schatz,
Sächt also gleich zu seiner Fraa: „Hör, Linda,
„Die Sanne muß mer aussem Haus! — warum? ei darum!
„Des leid ich nit; so Militairliebschafte
„Die führe selte zu was Guts bei so 'me Mädel."
Da hat er auch ganz recht; des is auch meine Meinung!
Un wenn mar noch bedenkt, wie gut's die Sanne
Bei dene Leut gehabt hat, — gar nit Viel zu schaffe, —
Im warme Zimmer schlafe, — alle Kleider kriege,
Wo die Geheim Fraa Oberpostrevisern
Hat abgelegt! — Ei so e Mädel sollt als denke,
Wie's wär, wenn die se nit aus lauter Gutthat
Ins Haus genomme hätte! — Dann ihre Eltre
Sin arme arme Leut aus Oberfinkebach,
Un treibe so e kleines Händelche mit Hünkle,
Mit Eier, Butter, Leinwand, Krammetsvögel,
Froschschenkel, Hase, wanns als gibt, un Gslüchel,
Et cetera, et cetera, so für die Märkt; —
Da war emal der Oberpostreviser
Grad auffem Weg vom Postbüreau nach Haus,
Da kommt der Bauersmann mit seiner Keetz
Un hat noch Hünkle drin, so alte Hünkle;
Da denkt der Herr geheime Oberpostreviser:
„So alte Hünkle kann mar brauche in die Supp",
Un fragt: „was kostt dann so e Hünkel, Nachbar?"
Da sagt der Bauer: so un so viel, — kurz,

Sie werde Handels einig, und des Bauremädel, —
Des war die Sanne, ja, des heißt vielmehr
Margreth war eigentlich ihr Name, aber Sanne
Is sie gerufe worde in dem Haus, — die trägt
Des alte Hünkel heim zu seiner Fraa.
Die Oberpostrevisern is e gute Fraa,
Ein Wort gibts andere, un kurz, des Mädel
Des nimmt se zu sich, für die Küch, un denkt:
Die will ich mir jetz grad so zieche wie ich's brauch.
Jetz könne Sie sich denke, was die Fraa
Für Auge hat gemacht, wie ihr ihr Mann
Die Gschicht erzählt von dem Dragoner,
Wo er im Hausgang angetroffe hat!
Sie hat die Nacht kaum annerthalb Schtund gschlafe.
Am annre Morge hat sich grad die Red so gewwe, —
Beim Kaffemahle hat die Sanne ihr verzählt,
Dem Sattler Moritz vis-à-vis sein Frau
Hätt ihrer Lisbeth ganz schnell aufgekündigt,
Weil sie e Liebschaft hätt mit so 'me Gommi.

Fraa Schmarenfeld.

Was is dann des, Herr Doctor?

Dr. Stelzebach.

Gommi, Gommi,
Des is e Ladediener —

Fraa Schmarenfeld.

Ah! e Gummi!

9 *

Dr. Stelzebach.

Nicht Gummi, Madam Schmarenfeld, dann Gummi
Das is was Anders; das is Gummi, — und da gibts
Zwei Sorte, erstlich gummi arabicum,
Das dhut mar in die Tinte nein, — un zweitens
Elasticum, — das singt mar als im Schpaß,
Im Spaß als nach der Melodie God save the King,
   (singt) Gummi elasticum, gummi elasticum —
Also der Handelsgommi, wo die Lisbeth
E Liebschaft middem angefange hat, —
So hat des nemlich der Fraa Oberpostrevisern
Ihr Sanne ihr erzählt beim Kaffemahle, —
Der hat seim Herrn als allerlei gestohle,
Limburger Käs, un Kaffe, Zucker un Roseine,
Un hat die Sache fortgetrage aussem Haus;
Un auch die Lisbeth bei der Madam Moritz,
Sie is aus Finsterlindebach gebürtig,
Die is verdächtig worde; dann mar hat
In ihrer Kist Cichoriebutte gfunde,
Wohl leer, wohl leer, — es waren awwer Vers,
Verliebte Sache drauf geschriwwe, — dappig Zeug,
's hat so nach Matthisson, nach Matthisson geroche,
Un newerum do ware lauter Herze
Mit Rothstift hingemalt, un Flamme drin,
So dappig Zeug, doch awwer war's sein Hand.
Mar hat der Lisbeth nix beweise könne,
Die Madam Moritz awwer, die hat gsacht:
„Hör, Lisbeth", — dann die Madam Moritz duhzt
                 ihr Mägd,

Ich weiß es auch warum, — es hat sein Ursach,
Un wenn mar weiß, warum, da sagt mar auch:
Die Madam Moritz hat ganz recht, ihr Mägd zu duhze,
Dann ich dhäts auch, wär ich an ihrer Stell, —
Erinnre Sie mich nur hernach daran,
Ich wills erzähle dann, warum; — was wollt ich sage?
„Hör, Lisbeth", also, sag ich, hat die Sanne
Beim Kaffemahle der Fraa Oberpostrevisern
Gsacht, hätt die Fraa Moritz zu der Lisbeth gsacht,
„Hör, Lisbeth, hab ich dirs beim Dinge nit schon gsacht,
„Ich leid kein Liebschaft? hen? sag, wars nit so?
„Also, ich setz den Fall, du bist auch sauber,
„Un 's ware kein Roseine odder Zucker
„In die Cichoridutte eingewickelt,
„Da muscht du aus meim Haus, weil du e Lieb=
                                        schaft hast;
„War aber etwas drinn in dene Dutte,
„Dann muscht du fort, weil du nit sauwer bist, —
„Entweder — oder!" — so hat die Fraa Moritz gsacht.
Die Lisbeth awwer, hat die Sanne gsacht,
Hat ganz preciös und affectirt drauf gsacht:
„Kann ich etwas dafür, daß ich ihn liebe?
„E schlechter Bettelmann, wo nit e Dhür,
„E Hausdhür meide kann! — Adjes Madamm!"
— „So, Sanne!" hat die Oberpostrevisern
Zu ihrer Sanne gsacht, — „so, Sanne, gell,
„Die Gschicht erzählt Sie mir un denkt nit dran,
„Daß Sie e Liebschaft selber hat? Fui, schäm Sie sich!
„Un noch darzu e Militärliebschaft,
„Wo niemals etwas Gutes draus entsteht!"

Die Sanne wird ganz roth, un leugent awwer,
Un sagt, sie wüßt von nix —

   Tante Schlemmelmann (im Schlaf).

So, Ammariche, noch en Kitraso!

   Dr. Stelzebach.

      — sie wüßt von nix —

   Frabas Schmarenfeld.

Ach Gott, was is dann mit der liewe Tante?

   Fraa Brockelmaier.

Des is ihr Umschtand widder! — Krämpf, un dun sich!

   Dr. Stelzebach.

Sie wüßt von nix —

   Tante Schlemmelmann.

    Ammariche, drei un eens is fünfe,
Des is mein Gsatz!

   Fraa Brockelmaier.

   Fraa Tante! he, Fraa Tante! — —
Mir sin schun dran gewohnt! — 's hot nix zu sage.

   Tante Schlemmelmann (singt):

   Juck juck juck, juck juck juck,
  Annamarie.

   Fraa Brockelmaier.

Fraa Tante! — schäme Sie sich doch, Fraa Tante!

Tante Schlemmelmann.

En Krautsalat mit Wörscht, — ganz delicat!
Guck, Träubche, ich verplatz noch an dem Kraut.
  (singt) Wir sitzen so fröhlich beisammen
   Und haben einander so lieb —

Frabas Schmarenfeld.

Ach Gott, Frabas, was bin ich doch verschrocke!
Ich glaab, des is schun vorher inner gschtocke,
Sie hot wie oft e klein Budellche rausgezoge
Aus ihrem Rüde!ül, un dran geroche, —

Tante Schlemmelmann (singt):

  Hungert der Soldat mit Widerwill —
's gibt Schnee, Frabas, mein Atzlaag dhut mich
        schteche —
De Kümmel, Bäsche, gschwind! er möcht verleche, —

Fraa Brockelmaier.

Fraa Tante! ei sui Deisel!

Tante Schlemmelmann.

     Fraa Nichbe! neen,
Ich dank gar schön, — ich bin zu satt, — ich könnt
        nimmehr,
Un käme jetz aa noch gebackne Engel her!
  (singt) Wir sitzen so fröhlich —
        Noch e Gläsel!

Des is mein Gsundheit — wär schun lang verfault —
Jetz noch en Bittre owwe druf, nor nig gemault!

(sie wird von Träudchen und Frau Schmarenseld fortgebracht;
im Weggehen:)

Hofmännsche Trobbe halb un halb, un Küraso,
Un dann en Bittre, Prrr — — rr!

Fraa Brockelmaier.

Ja, gucke Se, Herr Docter, des is gar zu traurig,
Wann Eens an so 'me böse Umschtand leidt!

Dr. Stelzebach.

Recht traurig,
Recht traurig, ja, Frau Brockelmaier, daß das grad
Hat an dem schöne Mussik-Abend komme müsse!
's wird hoffentlich doch gut vorüwwergehn!
Bei solche Fäll da is mirs immer leid,
Daß ich kein Mediciner worde bin,
Statt daß ich mich auf die Philosophie
Geworfe habb, geworfe habb, — un nit auf Medicin! —
Recht gute Nacht, Fraa Brockelmaier, recht gut Nacht!
Recht gute Nacht ans Träudche, an des liewe Träudche. —
Die Gschicht von dem Duell, die werd ich auserzähle,
Da darf das Düppelche vom i nit fehle!
Gut Nacht, gut Nacht!

Fraa Brockelmaier.

Gut Nacht, Herr Docter.

Dr. Stelzebach.

Gut Nacht! gut Nacht! gut Nacht! — recht gute Nacht!
    gut Nacht!   (ab.)

Fraa Brockelmaier.

Wann nor 's Millione —! noſu ich will nit fluche —
Daß eem die Schnaps=Gluck grad aa heut muß bſuche!
Hätt ich 'r e Flaſch voll ſüße Schlinkebutzer gſchickt,
Do wör ſe eem doch heut nit uf de Leib gerückt;
Der Docter hätt gewiß ſich noch erklärt,
Un des wär mehr als hunnert Flaſche werth!
Die Frabas Schmarenfeld, der Schtadtdambor,
Die hot mer was gepiſchpert in meiſt Ohr
Bun ſechſeſechzig dauſend Gulde baar,
Un was er erbt! — ſo Böchel die ſin rar.
's is wohr, er ſchwätzt als wär er Mähbverdinger;
Was dhuts? kricht 's Träudche nor de Ring an Finger,
Do mag er babble wie un was er will!
Der Eene ſchwätzt, der Annere is ſchtill,
Der Dridde ſauft! der Virde reitt un fahrt,
Der Eeſt mächt Wind, der Anner geizt un ſchpart,
Der is e Blechkopp, Seller leidt am Podagra,
Un ſin ſe reich, kricht Jeder doch e Fraa! —
Er kummt ball widder, dann ſeiſt Gſchicht,
Die drückt en bis er ſe vum Herze kricht;
Un kummt er widder, dofor will ich ſchtehſt,
Solls beſſer middem als heut Owend gehſt!
        (es ſingt drinnen)
Hör nor eeſt Menſch, wie die de „Vochelfänger“ ſingt;
Wamm mardie Vollſau nor noch heem ins Bett heut bringt!
        (ab.)

Meiñ Gänsel is futsch.

(Mel. Es reiten drei Reiter.)

Uf Marbinsdag brotzelt's in unserer Küch,
    Juchhe!
Meiñ Filliz brobt owends e Gänsel for mich,
    Juchhe!
E Gänsel for mich zu meim Namensdag,
So röhsch wie mar's numme sich wünsche mag,
    E Gänsel mit Käschte gefüllt,
    Der Dorscht werd mit Batzeweiñ gschtillt.

Als Gascht kummt als zu uns der Vebber Ambros,
    Juchhe!
Un seiñ Fraa, unser liewi Bas Grebhel, des Dos,
    Juchhe!
Meiñ Schwoger, seiñ Fraa, un die Bärwel, seiñ Gschwaih
Un dreiverdelsdutzend Kinner darbei;
    Do werd unser Stüwwel was voll,
    Des Kinnervolk dobt als wie doll.

Am letschte Mol, kaum war die Gans uffem Disch,
    Juchhe!
Erhewe se wibber e Zebergekrisch,
    O weh!
Do ruf ich: wann jetz nit en End hot die Hatz
Un jed's dun euch Soome sich setzt uf sein Platz,
    Do geww ich die Platt mit der Gans
    'm Butzewau oder 'm Popanz.

Meiñ Singe un Sage hot all nix gebabb,
    O weh!

Do nemm ich meiñ Gänsel vum Disch mit der Platt,
   O weh!
Ich heb se zum Fenschter naus gege die Gaß
Un ruf: da Wawau, do geww ich der was,
    Die Kinner sinn nit frumm,
    Da Butzewawau! kumm!

Un, hol mich der Guckuck, do kommt e Schtudent,
   O weh!
Der greift noch meim Gänsel mit alle zwee Händ,
   O weh!
Meiñ Gänsel is futsch un die Platt, die is leer,
Mer hawwe' die Gäscht un keen Brode mehr.
    Nor grüne Salat noch un Soos, —
    Awwer Weiñ, bei dreizehnthalb Moos!

Meiñ Filliz un ich un der Vetter Ambros,
    Juchhe!
Un seiñ Fraa, unser liewi Bas Gredhel, des Dos,
    Juchhe!
Meiñ Schwoger, seiñ Fraa, un die Bärwel, seiñ Gschwaih,
Un die dreiverdelsbutzend Kinner darbei
    Hawwe Brod gekaut un gelacht,
    Der Weiñ hot se luschtig gemacht.

Drum fliege die Gäns aa zum Fenschter enaus,
    Juchhe!
Bleibt nummen e Fäffel mit Weiñ noch im Haus,
    Juchhe!
E Fäffel voll Weiñ un e Lecwele Brod,
Do hot's for uns noch bei weidem keñ Nobh;

's muß nig grad Forster sein,
's dhut's aa der Batzewein!

Börgerlich, nit Romantisch.

Drei Kamerade haww ich ghatt,
   's is noch nig ganz drei Johr,
Un jeder hot verschwore sich,
   Sein Braut ging Alle vor.

Der Een sächt: mein Cäcilia,
   Die schpielt Klavier un singt, —
En Engelschor am Weihnachtsdag
   Nit halb so schmelzend klingt.

Mein Laura, sächt der Annere,
   Die singt un schpielt un molt;
Die Gschtalde un die Farwepracht
   Sinn aus 'm Himmel gholt.

Der Dritt sächt: mein Urania,
   Die singt un molt un dicht't;
Ihr Vers, die sin vun Gfühl so voll,
   Daß eem des Herz schier bricht.

Ich sinn die drei e Jährle druf
   Un denk an des zurück,
Un frog nöch ihre Weibcher zart
   Un ihrem Eheglück.

Der Erscht sächt: mein Cäcilia,
   Die gauzt zu jeder Schtund,

Doch awwer trägt se mer was eiñ:
　　Ich schpar en Kebbehund.

Meiñ Laura, sächt der Zwett, is frumm,
　　So frumm is keeni hier,
Sie rutscht in alle Kerche rum, —
　　Gäbs nor keeñ Offizier!

Wann Meini, sächt der Dritt, als dobt,
　　Der is die Welt zu kleeñ;
Die kratzt un beißt nöch Sunn un Mond
　　Un bleckt de Schtern die Zähñ.

Sie molt un dicht't noch Dag un Nacht,
　　Trinkt Kaffe un Liqueur
Un l'hombert um meiñ Geld, als wann
　　Ich schun im Himmel wär.

Geht's so, denk ich, do werd bei mir
　　Keeñ Fraa in 's Haus gebrocht;
Ich ding mer so e aldi Mahd,
　　Wo for mich flickt un kocht.

Do haww ich's ghatt! — Sie hot mer gflickt,
　　Gebrummt, gekocht, gezankt, —
Un vierunzwanzig Schtund darnoch
　　Haww ich se abgedankt.

Habb sechse nöch enanner ghatt
　　Im erschte Verdeljohr;
Wann ich's hätt länger fortgemacht,
　　Hätt ich jetz grove Hoor.

Ich pack emol im Aerger uf
  Un renn uf gut Glück fort!
Kumm zu 'me alde Freund ins Haus,
  War grad seiñ Schwester dort.

Ich klag do üwwer 's ganze Gschlecht,
  Wie mir's mit meine Mähd,
Un wie's gar meine liewe Freund
  Mit ihre Weiber geht.

Ich klag un klag, der Bruder lacht,
  Das Schwesterche is schtill,
Un schtrickt un hört mir freundlich zu,
  So lang ich klage will.

Un is die Zung emol gelöst,
  Do werd eem 's Herz aa leicht;
Un 's währt nit lang, haww ich dem Kind
  So was vun Lieb gebeicht't.

Korzum, in zweemol verzeh Dag, —
  Gschwind resolvirt is 's Bescht,
Do ware mer Bräudigam un Braut
  Un 's Haus voll Hochzichgäscht.

Ich redd nig geern vor annre Leut
  Bun dem was lieb mer is,
Dann's prahlt e Mancher mit seim Schtaat
  Un 's Hemm hot hunnert Riß.

Meiñ Fraa is keeñ gelehrdes Haus
  Un schreibt aa nie e Buch;

Doch brav, des is se, sanft un gut,
Un mir is des genuch.

Sie molt nit, sie klavirt aa nit,
Gedichde macht se nit;
Nor singe dhut se, vorab jetz
Em Kind manch Wiegelied.

Sie molt, sie dicht't, sie klimpert nit
Un is aa nit so frumm;
Doch hör ich Een vun selle Freund,
Gäb Jeder Seini drum.

Hand oder Händsching.

Es war emol e Großsuldan,
Mit Name, glaww ich, Soliman,
Der hot nöch alder Derkeart
En Wessir ghatt mit langem Bart;
Er hot e Luderlewe gführt,
Der Wessir Land un Leut regiert
Im Krieg un Friede zwanzig Johr;
E besserer war nie zuvor;
Doch unversehns war üwwer Nacht
En Annrer zum Wessir gemacht.
Was hodder wohl verbroche dann?
Schtill! höremer de Großsuldan!
„Dieweil uns gnädigscht is bekannt,
„Daß Er als unser rechdi Hand
„Im ganze Reich de Name führt,

„Drum hot Er jetzo ausregiert,
„Damit's meim Volk werd offebar,
„Daß er schtatt Hand nor Händsching war,
„Den ich mit meiner Hand ausfüll,
„Weil ich mich nit versubble will,
„Der Händsching, den ich trag zum Schutz,
„Vor Dischtle, Dorne, Dreck un Schmutz,
„Den ich aus jedem Ledder schneid,
„Wegwerfe kann zu jeder Zeit!
„Aus bsundrer Gnad, die in uns wohnt,
„Bleibt Er mim seidene Schtrick verschont.
„Fall er in Schtaab als Unnerdhan!
„Ich Soliman der Großsuldan.“

Gradaus un Zickzack.

Habb mer lang de Kopf verbroche
    Un mich bsunne früh un schpät,
Was des for en Grund möcht hawwe,
    Daß die Landschtroß zickzack geht?

Daß der grade Weg der bescht is,
    Weeß un sächt jo alli Welt, —
Warum jetz im Zickzack fahre
    Durch die Wiese un durchs Feld?

Bei de Leut, wo noch dran schaffe,
    Haww ich gsacht, des wär doch schad,
Un die lache, un behaupde:
    Die Chaussee ging fadegrad!

Geschtern erscht haww ichs erfahre,
   Ja, jetz weeß ichs uf e Hoor;
Hätt mers lang schun denke könne,
   Dann die Sach is sunneklor.

Wem der Ingenieur bekannt is,
   Wo die Schtroße hierum baut, —
Un wer kennt en nit, den Vochel?
   's is e kreuzfideli Haut! —

Is er awwer aßgerisse,
   Do krakeelt 'r mit de Leut,
Un mar meent, er könnt nit lewe
   Ohne Zank un ohne Schtreit.

Un so haww 'ch en geschtern gsehe
   Imme Rausch wie 'n Kerchedhorn
Heemzu dorkle, — hot for sich als
   Schwadronirt im volle Zorn:

„Grade Weg des sin die beschte,
   „Ich geh nie en krumme Pad.
Ihr geht zickzack, rüwwer, nüwwer,
   „Mein Weg all sin fadegrad.“

Werklich is er grad aa gange, —
   Wie sein Landschtroß gradaus geht,
Fadegrad, — nor nuß mar wisse
   Was er unner „grad“ verschteht!

Wäre geschtern nor die Gasse
   Aa so fadegrad geweßt!

Nadler, Gedichte. 10

Awwer die sin zickzack gange, —
 Was bei Sellem „zickzack" heeßt.

Do hots freilich kumme müsse
 Bei seim fabegrade Gang, —
Plumpsack! is er bogeleche,
 Drei gemeßne Ehle lang,

Uf der Landschtroß wärs nig gschehe,
 Deß behaupt ich keck un laut,
Dann die hobb er meeschtermäßig
 Ganz for Bsoffene gebaut.

Dobargege sin die Gasse
 Halt nor for die nüchdern Welt,
Un do is's nit zu verwunnre,
 Wann e Bsoffener drin fällt.

Ob er awwer jetz sein Landschtroß
 Imme Brand entworfe hot, —
Odder ob aa Zickzack grad is,
 Ja, deß weeß der liewe Gott!

Drum, hör ich jetz Een sich rühme,
 Daß er gradaus immer geht,
Werr ich als genau erscht froge,
 Was er unner „grad" verschteht?

Die Abodhekersbüchs.

Manch aldi Abodhekersbüchs
 Führt Tiddel groß un schwer,

Un mächt mar ihren Deckel uf,
　　Do schtinkt se un is leer.

E Mancher schreibt sich „Bon" un „Auf",
　　E Mancher heeßt „Herr Rath",
Un wie der Abobhekersbüchs
　　Gehts dene Männcher grad.

Wann Eener gar mit Tibbel prahlt,
　　Kannscht schwöre; do is nix!
Do is es leer un schtinkt, wie in
　　Der Abobhekersbüchs.

Behalt die Lehr, un merkscht, daß's schtinkt!
　　So schnubb, un plauder nix;
Sag: „Herr Baron, Herr Rath" — un denk:
　　Du Abobhekersbüchs;

Doch wann als Mann dich Ehr und Pflicht
　　Emol zum Redde zwingt,
Dann schnubb nit aus Verlegenheit, —
　　Sag laut un gradaus: 's schtinkt!

⌇⌇⌇⌇⌇⌇

Mein Frembeschtübbche.

Ich habb im owwere Schtock e Schtüwwel,
　　Wie mar's so hot im Haus for'n Gascht,
Schtill, heemlich, korz 's is gar nit üwwel,
　　Zu kleeß nor un zu nieblich fascht.

10*

Doch, haww ich aa des Frembezimmer,
   Is drum noch keeñ Hôtel meiñ Haus,
Keeñ Gaschthof, wo die Fremde immer
   Wie Dauwe fliege eiñ un aus.

Die Welt frogt oft mich mit Erschtaune,
   Ob ich dann nimmer gaschtfrei wär?
Ich hab halt, sag ich, so meiñ Laune
   Un loß meiñ Schtübbche lang als leer.

's dhut wohl e Mancher bei mer klobbe
   Un sächt: ich mach meiñ Kumplement!
Doch is er nix, trink ich mein Schobbe
   Un die Bekanntschaft hot e End.

An ihrer Schproch, an Gang, Maniere,
   Merk ich gar ball, wer vor mer schteht;
Wen ich in owwre Schtock dhu führe,
   Is schun e Mann vun Qualidät.

Wo Scherwe fliege vun Budelle,
   Mach ich mich ohne Gsellschaft fort;
Will Eener mit, dhu ich mich schtelle
   Als wär ich daab, un hör keeñ Wort.

Wann mit der Sauglock werd gelübbe,
   Nemm ich mein Hut un geh zur Ruh;
Un wann mich zwanzig Fremde bitte,
   For all die bleibt meiñ Schtübbche zu.

Do wo so echde Lieder klinge
   Vun Krieg un Sieg in Saus un Braus,

Wo mar vun Lieb und Wein dhut singe,
    Do hol ich schun mein Schlüssel raus.

Wann bei so echde deutsche Lieder
    Des Herz eem schlägt in froher Jascht,
Do hot die Welt for mich nor Brüder
    Un jeder Fremder is mein Gascht.

Do is e endlos Juwilire
    Im Schtübbche in meim owwre Schtock,
Do muß mein Haus illuminire,
    Do läut ich mit der Feschtbagsglock.

So Fremde halt ich hoch in Ehre,
    Un haww ich Een, meen ich als fascht
Mit lauder Gödder zu verkehre
    Un Bacchus selwer wär mein Gascht.

E Dichterghermniß.

Wann's mich als kneipt im Bauch bei Nacht,
    Mach i e wilds Gedicht,
Un weltschmerzvolle Lieder als,
    Wann mich mein Aßlaag schticht.

Dann was mich plogt am ganze Leib
    Vum Kobb bis zu de Füß,
Des schmeckt in Vers zurechtgemacht
    De Leut pikant un süß.

Do kummt mein Herr Gregorius
  Zu rechder Zeit ins Haus,
Do is's mit meiner Poesie
  Un mit meim Weltschmerz aus.

Un was die Welt in Feuer setzt
  Un bis zu Thräne rührt, —
Mein Atzlaag werd geraschpelt, un
  Der Weltschmerz rausklyschtirt.

E Recept for lang zu lewe.

Der Uranus des is e Schtern,
  Meintwege wie die Erd,
Der geht so langsam, daß e Johr
  Drei Menschealder währt.

E Katz, wo dort halbwächsig is,
  Hot's Schwowealder schun,
Un e halwes Schwowealder lang
  Scheint dort manchmol keen Sunn.

Was werd eem schun uf unsrer Erd
  Die Zeit oftmol so lang!
Jetz denkt euch dort e Windernacht!
  Des mächt eem orntlich bang.

Verglich mit so 'r Windernacht
  Hält uf der Welt nit viel;
Doch weeß ich ebbes, und des sin
  Gewisse Trauerschpiel.

Dobei werd eem e Verdelschtund,
   Ganz wennig gsacht, zur Woch;
Is des nit Jedem aa sein Sach,
   So hot's sein Gudes doch.

Dann lest mar däglich so e Schtück,
   Bringt mars an Johre weit,
Un lebt schun eh mar gschtorwe is
   E halwi Ewigkeit.

Der Haifusch.

Draus uffem große, weide Meer
Do segelt e Schiff; un hinnerher,
Kaam hunnert Ehle hinnerm Schteuer,
Schwimmt e gfräßig grimmig Ungeheuer,
Drei Raihe Zähn im offene Maul,
E Haifusch, wo en ganze Gaul,
Wie gschweih en Mensch, un wärs der gröschte Mann,
Wie Unsercens e Auschter, schlucke kann.
Fällt was vum Schiff ins Meer eneih,
Glei is der Haifusch hinnedrein,
's mag sein was's will, 's werd nig geguckt,
Alles grimmig verbisse, Viel aa nunnergschluckt, —
E dodter Hund, a Kaschte Dreck, — er kummt halt gschosse,
Er meent, er dörft nix schwimme losse;
Was er packe kann, des muß in Fetze,
Un wärs aa nor um die Zähn dran zu wetze.
Er beißt aus Hunger und beißt zum blose Zeitvertreib,
Un 's Aergscht is, mar kannem selde zu Leib;

Mar sichten nit oft, des is des Schlimme,
Weil er mehrendheels unnerm Wasser dhut schwimme.
Doch wann mar e recht Schtück Schpeck dran wendt,
Do fängten mitunner 's Schiffsvolk am End. —
Wär's nit in Raffs Naburgschicht zu lese,
Wollt ich noch viel erzähle vun seim Treiwe un Wese; —
Ihr habbt so ziemlich 's Bild, wann ihr euch denke könnt:
's Schiff wär e Autor, un der Haifusch e Recensent.

Ei so geig!

Mein Nochbar is e braver Mann,
   Ach! hädd er nor keeñ Geig!
Ich wünsch em, was mar wünsche kann,
   Sogar oft 's Himmelreich.

's is wohr, seit der do drüwwe wohnt,
   Hot unser Katz Vacanz,
Die Radde un die Mäus im Haus
   Sin fort mit Schtumb und Schwanz.

Nor, förcht ich, bleibt aach unser Katz
   Nit lang mehr do im Haus,
Dann wann er nor sein Boge holt,
   Do reißt se jetz schun aus.

Neeñ, meiner Treu, for unser Welt
   Schpielt der emol zu schöñ.
O! wann er nor mit seiner Geig
   In Himmel nuf dhät gehñ!

Halt, neeñ! in Himmel dörf er nit,
  Des haww ich nib bedenkt;
Dann do wärs mit dem Schprüchwort aus,
  Daß der voll Geige hängt.

Im Beelzebub seiñ Hoffabell
  Ghört so e Virtuos,
Un selwer dort werd's heeße: „Au!
„Heut is der Deifel los!"

Der Vedder Grimmbart werd e berühmter Mann.

(Meister Reinele an seinen Vetter Grimmbart.)

Du mögscht berühmt seiñ, Vedder Grimmbart; — gut!
                                          kumm her,
Ich bin e alder Practicus, folg meiner Lehr;
Du bischt e feiner Kopp, deiñ Fähigkeit nit ohne,
Drum kann ich mit de Añfangsgründe dich verschone.
E Braut verführe, sich drum schlage, — Schulde mache,
Gensdarme prüchle, — des sin so Schtudentesache. —
Machs mit zuweile, Vedder, doch nor newebei,
's is wol schun recht, doch mar riskirt zu viel darbei.
Willscht du dich vorduñ jetz als Mann vun gudem Ton,
Schtifft imme Kaffeehaus e neui Religion;
Werr Zeidungsschreiwer, loß deiñ Blatt oft weiß un leer,
Als wann e Regiment Censore drañ geweßt wär;
Schmeiß in der Hofburg Nachts e Dutzend Fenschter eiñ,
Un bschtells vorher, daß, wann de arredirt sollscht sein,
Mar dir e Fackelmussik glei dhut bringe,
Daß Männerchör Quartette vor deim Gibber singe.

Loß bei de Buch= un Bilderhändler dofor sorge,
Daß jo deiñ Vorträ aushängt schun am nächschte Morge;
Setz unnedrañ 's Facsimile vun deiner Hand,
En kräftge Schpruch vun Freiheit, Recht un Vabberland;
Nichts eiñ, wo möglich, daß mar's holt und cunfiscirt, —
Des is uñgfähr der Weg, wo zur Berühmtheit führt.
Ja so, noch Eens! die Hauptsach is e dicker, wilder Bart!
Daß jo deiñ Moler an de Hoor im Gsicht nit schpart!

An die deutsche Zweckesser.

J bibb euch, eßt euch satt, trinkt euern Weiñ;
Nor loßt eur weiñgrüñ Hoch uf Deutschland seiñ,
   Bis daß in Schtroßburg unser Fahne weht,
   Bis daß nöch Kronschtadt unser Kriegsflott geht!

Jch bibb euch, eßt euch satt, un trinkt euern Weiñ,
Doch loßt eur weiñgrüñ Hoch uf Deutschland seiñ,
   Bis jeder König schtolz seim Volk vertraut,
   Un 's Volk mit Luscht an Königsthrone baut!

Loßt euer weiñgrüñ Hoch uf Deutschland seiñ,
Bis frei der Sund is, frei der „freie" Rheiñ, —
   So lang e Schlagbaam zwische Deutsche schteht,
   So lang e Deutscher unsern Bund verschmäht!

Hebt ihr zum „Hoch" uf's Vabberland die Hand,
Ihr Patriobbe aus Schlaraffeland,
   So sagt 's: „der Disch, mit Gflüchel, Fisch un Wein!
   „Der volle Disch soll Unser Deutschland seiñ!"

Umgſabbelt.

Kann der ewig Judd uf unſrer Welt
Achtzehhunnert Johr ſchun plaſchtertrede,
Könnt ich aach uf Univerſidäde
Noch e Jährle luſchtig ſeiñ, — hädd ich nor Geld!

Achtzeh Curs bin ich jetz grad Schtudeñt;
Doch meiñ Alder is e Bärehäuder,
Zibbelt mit 'm Geld, un will nit weiter,
Un ſächt rund raus, ſeiñ Geduld wär jetz am Eud.

Ich war bei em letſcht in der Vacanz,
Schtellem vor, ich hädd vierhunnert Gulde, —
Drunner oder drüwwer — kleene Schulde,
Gibt 'r mer e Antwort wie e Faſelhaus!

„Eh mar noch mehr Schulde for dich mächt,
„Höre mer e Meß un dhune beichde,
„Bibbe Gott de Herrn, uns zu erleuchde,
„Ob's dann aa bei dir noch Frucht un Zinſe trächt.“

Un am nächſchde Sunndag gehn mer All
Unſern liebe Herrgott conſuldire,
Singe, bede, beichde, cummnicire,
Windelweech gerührt vum Pſalm= und Orgelſchall!

Un meiñ Mudder, wie des Päſſel ſingt:
„Cœli cœlorumque-he virtutes“,
Hört: „Zähl hiñ, zähl her, un er verdhut es“ —
Daß der grad ſo Uñſinn in die Ohre klingt!

Schier vergehn möcht ich vor lauter Zorn;
Wann ich 's zehemol aa dhu erkläre,
Sie un er will nix mehr vun mer höre;
Nit umsunscht sächt 's Sprüchwort: petz die Kuh ins
Horn!

's babb halt nix mehr uf der ganze Welt!
Er glaabt felsefescht jetz an Mirakel,
Un der Unsinn gilt 'm als Orakel,
Un do folgt mar geern, wann eem 's Orakel gfällt.

„Aerwet, sächt 'r, isch dein Sach nig grad,
„Unser Baurekoscht magscht nimmer esse,
„Was d' gelernt ghatt hoscht, isch lang vergesse, —
„Geh ins Welschland, loß dich werwe als Saldat." —

Neen! ich bleiw in Deutschland, Alder!—neen! —
Ich bleib do in Deutschland,—un werr—Literat!

Die Knoche gehören em Hund.

Vorm Dorf draus links im Ackerfeld
E Scheereschleiferskärchel hält,
Die ganz Famillie is fort,
Verdienscht zu suche drin im Ort;
E Schäferhund hält draus die Wacht,
Gibt uf ihr Wickelkindche Acht,
Un wann er hört, daß Jemand kummt,
Richtt er sich uf beim Kind, un brummt;
Un greints un will nit ruhig sein,

S. 156.

Do leckt er 'm Gsicht un Händ un schläferts ein,
Un winselt, als wollt er 'm e Wiegelied singe,
Wann ers nit so zur Ruh kann bringe.

    Des Alles haww ich selwer gsehe,
Ich verbörgs, 's is vor meine Aage gschehe!
    Ich haww aus Vergnüge an dem Hund
Mich hingesetzt wohl e gudi Schtund;
Des treue Dhier hot mich oft betrachtt,
Awwer nit en Schritt seitab gemacht.
Am End war halt beim beschte Wille
Des aarme Kind nimmehr zu schtille;
Der Hund hot gewinselt und die Händlin geleckt,
Wo 's Kind em aus seine Lumbe entgegeschtreckt,
Es hot gefrische, mir hots gebangt, —
's hot ewwe nöch der Mudder Bruscht verlangt.
Des Dhier, mar hots gsehe, hot vor Angscht gezibbert, —
Uf eemol awwer naus in die Luft gewibbert,
Rennt fort, un grabt beim erschte Haus
En Knoche aussem Mischt eraus,
Gedankegschwind, —
Un bringt den Knoche vergnügt seim Kind,
Un drückt ene hin, als wollt er sage:
„Do hoscht was Delicats jetz abzunage!"
Ball druf is awwer die Mudder kumme
Un hot ihr Kind an die Bruscht genumme, —
Hernöch wars schtill.

* * *

Die Moral vun dem Gschichtel will ich euch schenke,
's kann Jeder was er will darbei sich denke:

Doch glaaw ich, 's hot sein gude Grund,
Wann ich sag: die Knoche ghören em Huud.

~~~~~~~~

Pandoffel odder Korb.

Meim Nochbarsmann sein Döchderle
    Wär lang keen Mädche mehr,
Sie wär Madamm, wie Annere, —
    Wann nit e Item wär.

Was for e Item? — Gell, ihr meent,
    Sie wär villeicht nit schön?
Odder wollt e Jumfer ewig sein, —
    Odder hätt keen Geld? — O neen!

Nix vun dem Allem is der Grund;
    Sie is e sauwer Kind;
Sie is nit kalt, die Eltre reich,
    Un doch geht's nit so gschwind.

Wer halt so in ihr Aage guckt, —
    Dann 's Aag is wie e Buch!
Der hobd am bloße Tiddelblatt
    Schun vor der Hand genuch.

Do schteht: „Pandoffel odder Korb!"
    (Wie üwwer meim Gedicht)
„Un wer 's Pandöffelche nit mag,
    „E Körbche vun mer kricht."

Un rum un um im ganze Buch
　　Findt sich keeñ anner Wort,
Dann 's hot schun Mancher neiñgeguckt,
　　Un All sinn widder fort.

For die is 's jetz emol nig gut,
　　Daß Alles lese kann;
Wär 's annerscht, hätt des schöne Kind
　　Gewiß schun lang en Mann.

Un item, sicht mar, 's is e Lüg,
　　Wann 's heeßt, die Lieb wär blind;
Ich glaab's nit eh'r als bis ich hör,
　　Daß die en Freier findt.

's is freilich, — wann so Jeder guckt,
　　Do findt aa Jeder was,
Un ich wollt, ich hätt gar nix gsacht;
　　Drum denkt, 's war norre Gschpaß.

Doch meen ich, wann e Mädele
　　Ihr Aage niederschlächt,
Daß nit so Jeder gucke kann, —
　　Daß sich's do besser mächt.

Die Säckbrenner.
(Eine Volkssage.)

Zur Frühlingszeit, wie der Guckuk hot gsunge
Guckuk!

Do sin die Herren von Butzelbach gschprunge,
    Guckuk!
Mit Schpieß un mit Schtange in grüne Wald:
„Dich Schelmevieh machemer heut noch kalt!"

Die Herren die hawwen e Ruggericht ghalde,
    Guckuk!
Daß mar alle Guckuke die Köbb sollt schpalde,
    Guckuk!
„Die Guckuke, des sin uns sauwere Gäscht!
„Die legen ihr Aier in unser Nescht."

Un wie im Wald der Guckuk is gsloche,
    Guckuk!
Do hawwe die Herrn in die Lüfde neiß gschtoche,
    Guckuk!
„Der Guckuk is fort üwwer Dhal un Berg,
„Drum singt e Tedeum in unserer Kerch!"

Sie sin allminanner in Kerch neiß gange,
    Guckuk!
„Hallih hallihoh" hot 's Tedeum aßgfange,
    Guckuk!
Do war e großmächdig Gedrück un Gedräng
Un die Kerch vor die viele liewe Herren zu eng.

„Jetz, Brüder, jetz helft mer die Maure naußrücke,
    Guckuk!
„Dhut herzhaft mit all eure Schwellköbb jetz drücke,
    Guckuk!"

Sie drücke un drücke, erbarm sich Gott!
Bis ihr Schwellköbb all ware kahl un blobb.

„Ah ja so, jetz merk ich, warum's nit will gehe!
    Guckuk!
„Mir könne dohinn jo keen Schtichele sehe,
    Guckuk!
„Mar sicht jo vorm Aag nit sein eegeni Hand,
„Dann 's is jo keen Fenschter in keener Wand!"

„Jetz hört, ihr liewe Herren, was will ich euch sage,
    Guckuk!
„Des Sunnelicht muß mar in Säck ereintrage,
    Guckuk!
„In Maldersäck fange mer 's Sunnelicht,
„Uf daß unser Kerchel sein Hellung doch kricht."

Dozu war der Rath un die Burgerschaft willig,
    Guckuk!
Un Säck näht die Schneiderzunft zsamme vun Zwillich,
    Guckuk!
Un daß mar 'me Jede sein Maldersack kennt,
Hot der Grobbschmidt die Name neingebrennt.

„Hallih! hallihoh! jetz kaaft euch Barricke,
    Guckuk!
„Fangt all widder frisch mit de Köbb an zu drücke,
    Guckuk!
„Un wer nit kann drücke, faßt Sunnelicht,
„Damit sein liewer Nochbar beim Drücke was sicht."

Au jerum, herrjerum, ihr Butzelesbächer,
    Guckuk!
Die Kerch hot keeñ Fenschter, die Säck hawwe Löcher,
    Guckuk!
Die Köbb hawwe Glatze, keeñ Hoor die Barrick,
Un der Guckuk, der kummt aus de Wälder zurück!

Drum, wann se in Butzelbach Hochzig als halde,
    Guckuk!
Do zieche ihr Gsichder gar traurige Falde,
    Guckuk!
Do bebe die Herren, do bebe die Gäscht:
„O! Guckuk, leg uns nor keeñ Aier ins Nescht!"

Die Rathsherrn un die Reddigschwänz.

De Rathsherrn siñ die Reddigschwänz,
    Ja Reddigschwänz,
In de Zähñ drin schtecke bliwwe;
Do hawwe se ne Cunferenz,
    Ja Cunferenz,
Ju Rothhaussaal verschriwwe.

Do war der Rathsherr Peter Squenz,
    Ja Peter Squenz,
Der hot gottserbärmlich gekrische:
Do seht ihr Herrn, die Reddigschwänz,
    Ja Reddigschwänz,
Die schtecke mer noch darzwische.

Do sächt der Rathsherr Dudeldee,
    Ja Dudeldee,
Do guckt nor her, was Faxe!
Meiñ Reddigschwanz schteht krumm in Höh,
    Ja krumm in Höh,
War halt nig grad gewachse.

.Do sächt der Rathsherr Quinkelquanz,
    Ja Quinkelquanz,
Meiñ Weibche kann ich nit küsse,
Seit ich mich in den Reddigschwanz,
    Ja Reddigschwanz,
Heut Morge habb verbisse.

Do sächt der Burgermeschter Quack,
    Ja Meeschter Quack:
Vun Küß wollt ich nix sage,
Wann ich nor noch meiñ Pfeif Duwak,
    Ja Pfeif Duwak,
Meiñ Cigarr noch könnt raache.

Sächt Seller: wann gar uf die Erd,
    Ja uf die Erd,
Mir Herrn per Zufall borzle,
Un 's Schwänzel in de Bode fährt,
    Ja Bode fährt,
Do schlächt der Reddig Worzle.

Die Worzel wächst in Bode neiñ,
    Ja Bode neiñ,

Un mir, mir bleiwe liche!
Mag do wer will e Rathsherr sein,
　　Ja Rathsherr sein,
Die Schtadt werd keen mehr friche.

Die Rathsherrn in der Cunferenz,
　　Ja Cunferenz,
Die hawwe zsamme bschlosse,
Daß mar die Rebbig ohne Schwänz,
　　Ja ohne Schwänz,
Wollt künfdig wachse losse.

„Un sollt e Rebbig schtorrig sein,
　　Ja schtorrig sein,
„Un sollt e Schwänzel treiwe,
„Do dörf 'r nit uf de Mark erein,
　　Ja Mark erein,
„Muß aus der Schtadt wegbleiwe.

„Kummt's awwer doch noch heemlich vor,
　　„Ja heemlich vor,
„Un eener kummt so gschliche,
„Der soll sein Schwänzel gleich am Dhor,
　　„Ja gleich am Dhor,
„Zum Büddel gschnidde friche.

„Doch sollt sich Jemmand unnerschtehn,
　　„Ja unnerschtehn,
„So Cunderband zu esse,
„Un 's bleibt 'm e Schwänzele zwische de Zähn,

„Ja zwische de Zähn, —
„Der hot sich's beizumesse!"

For Vorträtmoler.

1) Ich bin zufriede!

Uf Helsebeeñ hot sich mein Mann
　　Vergange mole losse;
Käsdellersgroß is des Vorträtt,
Ich trags an meiner goldne Kett,
　　Ich henk's zum gröschte Schtaat nor añ
　　Un denk, 's hätt Jed's Vergnüge draň,
Wann ich schpazierfahr dann und wann, —
　　Un Alles kreischt: „was Vosse!"

Gell! wann des Geld druf gschriewe schtünd,
　　Thät ihr die Kapp abzieche!
Mein Mann hot zu seim Moler gsacht:
„Der Preis werd uf 's Gewicht gemacht,
　　„Drei Batze zahl ich Ihm per Pund." —
　　De beschtdreſſirde Metzelhund,
Ja, meiner Seel, schier 's schönste Rind
　　Wollt ich wohlseeler kriche.

Mein Andon hot sein schöñ Gewicht,
　　Ihr wißt, er is keeñ Schneider.
Der Moler zwar hot erscht gelacht
Un gsacht: so werd keeñ Bild gemacht;
　　Mein Mann war's awwer, der nit ruht,
　　Bis er's am End aa pundweis dhut;

Der molt jetz, wann er's pundweis kricht,
  En Gaul mitsammt 'm Reider!

Doch awwer reut mich nit des Geld,
  Er is gar schön getroffe!
Sein Buckel un sein Hinnerkopp,
Sein Buschel Hoor im Werwelschopp,
  Sein Krage, die Cravabbeschnall! —
  Die Moler un die Kenner all,
Wie der hot 's Bild an's Fenschter geschtellt,
  Die sin was hingeloffe!

Kreischt ihr nor, 's wär e schlechdes Schtück,
  Er hätt sich solle drehe; —
Mein Andon weeß schun, was 'r bschtellt,
Dem muß es recht sein for sein Geld,
  Der sächt: „mein Schtern, mein Maul, mein Nas
  „Haww ich umsunscht im Schpiechelglas,
  „Mein Buckel awwer un mein Gnick
  „Will for mein Geld ich sehe!"

Hot er nit Recht? — sein gudes Geld
  Findt mar nit in de Ecke!
Umsunscht kaaft Nimmand sich e Worscht,
Umsunscht löscht Keener sich de Dorscht!
  Wann aa die ganz Schtadt drüwwer dahlt,
  Was ich anhenk, des is bezahlt;
Un wem meim Mann sein Bild nig gfällt,
  Soll 'n Schtock darzu sich schtecke!

2) Ich appellir!

Mein Gsicht un meiner Fraa ihrs sin zwee Gsichder,
  Mar findt nit viel so in der ganze Schtadt,
Dann meins is braun un frisch, e bissel borschtig,
  Un meiner Fraa ihrs rohd un weiß un glatt; ·
's hot keens keen Warze un keen Lewwerflecke,
  E hübsche jungi Fraa, e schöner Mann, —
Der Düncher soll sein Molerei ufschtecke,
  Wann er so Leut wie mir nit treffe kann!

Uf zwee Schtund links un rechts vun unsrer Landschtroß
  Hot er zum Mole alleweil sein Schtrich;
Un wie die Raih an unser Schtadt is kumme,
  Do haww ich gsacht: „dererscht jetz mol er mich;
„Mein Fraa trinkt ewe Hollerthee, zum Schwitze,
  „Un hot e mörderlich verschwolle Gsicht,
„Kann also heut zum Vorträ Ihm nit sitze,
  „Sie hot die Däg vum Zug was an sich .tricht."

Ich setz mich also hin, im Maul mein Klowe,
  Dann so e Peif im Gsicht ziert ihren Mann;
Er molt zuerscht mein Hand, mein Peif, mein Ohrring,
  Mein Ohre, 's Halsduch, Rock un Krage dann,
Hernöch mein Backebart, mein Hoor, die Aage,
  Die Backe, Schtern, e dicki Nas, e Maul,
Dubb, dubb! do wars! — ja wie? — ich kanns euch sage,
  E Kopp, wie vumme plumbe Fuhrmannsgaul!

Er hot zwor gsacht, mein Gsicht dhät sich noch zieche
  Wie 's recht wär, wann 's emol de Ferneiß hätt, —

Hot aa mein Fraa gemolt, e paar Dag schpäder,
  Im volle Schtaat, mit ihrer goldne Kett;
Du liewer Gott! des hätt 'r sehe solle,
  Was for e Ochsekopp, un was e Gsicht!
Sie war, bei meiner Seel, viel schöner — gschwolle,
  Als des Vorträ, wo der zu Schtand hot kricht.

's war accordirt, jed Bild zwee Kronedhaler;
  Un wie er ferdig war, verlangt er's Geld.
Ich sag: „Die Bilder kann er selwer bhalde,
  „Ich mag se nit for Alles in der Welt!"
Er beddelt erscht, un droht dann mit Verklage.
  Ich sag: „ich zahl Ihm nix, — e Mann, e Wort!
„Will Er processe, gut, 's hot nix zu sage,
  „Geh Er zu Amt, mir sinne uns schun dort."

Er geht un klagt; un 's Amt ernennt drei Moler,
  Die kumme zsamme, werre aa verpflichtt;
Ich sag: „ich loß mir gfalle, was die schpreche
  „Als Leut vum Metier, uf ihr Ehr un Pflicht;
„Wär der, statt in mein Schtubb, in Schtall geloffe
  „Un hätt mein Küh un Ochse vorträdirt,
„Do müßt ich sage: ja, sie sin getroffe,
  „Wann aach nor roh mit growwe Farwe gschmiert."

Mir sitze hin un losse uns bedrachde,
  Un dem sein Bilder schtehne an der Wand;
Die drücke uns zurecht, betrachde, gucke,
  Un schpreche dann, in ihrem Unverschtand:
„Die zwee Vorträ, des sage mir zwor offe,
  „Die Molerei dran is nit bsunders fein,

Э. 169.

„Doch awwer sin se gut un brav getroffe,
   „Recht brav — in soweit — 's könnt nib besser sein."

„„Was? sag ich, — ei, ihr Herrn, do könnt der Deifel
   „„Am End aa grad so gut e Rehbock sein!
„„'s hackt halt keen Krabb em annre in die Aage!
   „„Ich proteschtir, ich leg Verwahrung ein;
„„Jetz geht's erscht weider, un ich kann's vollführe,
   „„Wann's hunnert Gulde koscht, des is mer gleich;
„„Ich so en Kopp? — neen, ich dhu appellire;
   „„Gell, Fraa, mir appellire? — mir sin reich!""

Un wann noch zehe Sachverschtändge sage:
   Der Gäulskopp mit der Duwakspeif wär ich,
Un do die Kuh mit dene goldne Kedde
   Wär gar mein Fraa, dofor bedank ich mich;
Der soll mer's bleibe losse, 's Vorträschmiere,
   Mer wolle sehe, oww ich 's nig gewinn;
Ich zahl keen Heller, ich dhu appellire,
   Do werre mer's erfahre, was mer sin!

Die Deputation.

(Mel.: Ein freies Leben führen wir ꝛc.)

Die Bäuch, die Bäuch, die dicke Bäuch,
   Die Bäuch sin unser Schade!
's wär gscheidder werrlich, sag ich euch,
Mir Bäcker hätte gar keen Bäuch,
   Keen Backe un keen Wade.

Nöch Billigkeit un nöch Vernunft
  Is unser Tax zu nieder,
Drum war aach unser ganzi Zunft
Bei ihrer letschte Zsammekunft
  Wie 'n eenzger Mann darwider.

Mir sage unserm Zunftschkriwent:
  Jetz, Alder, schpitz dein Fedder,
Schreib, daß mar nimmer lewe könnt,
Mach e Lamento ohne End,
  Sunscht hol dich 's Dunnerwedder!

Er hot gedahn sein Schuldigkeit,
  Die Schrift war schier zum Flenne,
So kläglich, wie die dheuer Zeit,
E Chrischt, e Judd, e Derk, e Heid
  Hätt sich erbarme könne.

Mir knöchle siwwe Mann eraus,
  Zufällig lauter dicke,
Die gehn zum Präsident ins Haus
Un rücke mit der Bittschrift raus
  Un denke's durchzudrücke.

Was hot der Präsident gedhan?
  Der lest die Schrift un lächelt:
„Ihr Herrn, guckt Euch nur selwer an,
„Euch sieht mar doch keen Mangel an!"
  Des war nig gut geknöchelt!

Mir gucke aů uns in der Rund, —
   Do war nix mehr zu mache;
Mir Fetzeferl, all kugelrund,
E Jeder wiegt dreihunnert Pund, —
   Uns selwer war's zum Lache.

Doch wäre mer jetz herzlich froh,
   Wär schun die Gschicht vergesse;
Jetz heeßt's: „Die simwe Küh sin do,
„Die magre Küh vum Pharao,
   „Un hawwe nix zu fresse."

Drum noch e Mol: die Bäuch, die Bäuch,
. Die Bäuch sin unser Schade!
's wär gscheidder werrlich, sag ich euch,
Mir Bäcker hädde gar keeů Bäuch,
   Keeů Backe un keeů Wade!

Unser Zunftartikel.

(Nämliche Melodie.)

„Die Bäuch, die Bäuch", laut deiů Gedicht,
   Mir wolle aach eens singe!
Die Bäuch, des is e aldi Gschicht,
Die Dickbäuch trage mir aus Pflicht,
   Dann 's Gschäft dhut's mit sich bringe.

In unsre Zunftardikel schteht:
   „Wen mir zum Bäcker mache,
„Muß schlofe könne früh un schpät,

„Un Effe wo er geht und ſchteht,
  „Daß die Kaldaune krache.

„Dreidauſend Ehle Nudle ſoll
  „Er in 're Schtund verzehre,
„Un wenniger keen halwe Zoll,
„Un Weiß darzu en Küwwel voll,
  „In ſiwwe Züg zu leere.

„Dann muß 'r ſechsunnennzig Schtund
  „In eem fort ſchnarche könne;
„Un kann er all des laut Befund,
„Soll ihn mit Herz un Hand un Mund
  „Die Zunft Herr Bruder nenne.

„Er ſchwört hernoch uf Bäckers=Ehr,
  „Sich orntlich ufzuführe,
„Un wann's nach anfangs noch ſo ſchwer,
„Ja beinoh ganz unmöglich wär,
  „Des ſchtets zu repedire.‟

So werd der junge Bäcker dick,
  Schwammbucklig wie e Kiſſe,
Un benedeit ſein Meeſchterſchtück,
Denkt mit Vergnüge dran zurück,
  Wie er's hot mache müſſe.

Der Neid, der blaſſe Schneidersneid,
  Der Neid dhut aus dir ſchpucke,
Der Neid, daß Luſcht un Fröhlichkeit
Uns kreuzfidele dicke Leut
  Aus unſre Aage gucke.

Des schöne Fett, des Buddergsicht,
　　Die runde Bäuch un Wade,
Der Schpeck, wo uf de Rippe licht,
Mächt Jedem Abbedit, wo's sicht,
　　Un des is uns keen Schade.

Un haww ich aa den schwere Bauch,
　　Ich will mich nit beklage!
Wie reimt's so schön sich: Bauch un Schlauch,
E voller Schlauch, e runder Bauch,
　　Des Unglück is zu trage.

Drum leir du nor deiñ Schpottgedicht,
　　Derweil die Gläser klinge,
Wann mir in unserm Vehmgericht
Uf schwere Tax un leicht Gewicht
　　Victoria zsamme singe!

Die siwwe Bäcker uf der Jagd.
(Nämliche Melodie.)

Halloh! jetz gibt's e wildi Jagd,
　　Un Blut muß heut noch fließe!
De Bäuch werd heut Motion gemacht,
Mir Bäcker gehne uf die Jagd,
　　Mir wolle Rehböck schieße.

Der Zunftschkriwent war kummandirt,
　　Proviant for uns zu kaafe;
Zu siwwet sin mer ausmarschirt,

Un waren all mit Uenschlich gschmiert,
  Um uns keen Wölf zu laase.

Manch Jägerlied, hallih halloh!
  Hammir minanner gsunge;
„Hallih halloh, und frisch un froh,
„Bei uns geht's alle Dag eso",
  Hot's durch de Wald geklunge.

„Huff — huff — huff — huff", hammir gekeucht,
  „Huff — huff — huff" schnaufe müsse;
Die Leut im Wald hot's all gedäucht,
's wär uf der Eisebahn villeicht
  E Dampfgaul ausgerisse.

Im Wald draus is e groß Schtück Wild
  Mit Hörner rumgeloffe,
Des hot uns grimmig angebrüllt,
Zu simwet hammer druf gezielt,
  Un, bautz! do war's getroffe.

Wie's gfalle war, sin mir druf zu,
  E Bock war richdig gschosse,
E Bock, wo Milch gibt, noch darzu!
Der Rehbock war en albi Kuh, —
  Der Bock hot uns verdrosse!

E lump'ger kleener Baurebu,
  E Kerl noch ohne Hosse,
Der ruft, wie's knallt, seim Vadder zu:
„Die Bäcker hawwe unser Kuh
  „In Grunds=Erds=Bode gschosse!"

Der Baur hot in sein Fauscht gelacht,
  Dem hammer müsse bleche,
Der hot uns glei for unser Jagd
Die Zech — e Zech darhin gemacht,
  's Herz hädd eem könne breche!

Mir schieße doch schun manches Johr —
  Soll eem des nit verdrieße? —
Un Fehlschuß kumme nie uns vor,
Als wann mir aussem Flinterohr
  Schtatt mit de Schießer schieße.

In Rußland drin do werd nöch Wörscht
  Die Meilezahl gemesse;
So e Worschf vun denne große Wörscht
Hammir uf unser Jagd vorerscht
  Vor Zorn minanner gesse.

Dann sin mer heem: hallih halloh
  Hot's durch de Wald geklunge,
„Hallih halloh, hallih halloh,
  „'s wär schlimm, ging's alle Dag eso",
  Hammir zu sivwet gsunge.

Der Antiquar
odder
Er glaabt's am End selwer.

Der Helm dort hinne? — Guck e Mol, der Helm! —
Ei gelle Se, Herr Hofrath, der dhät Ihne gfalle?

Ja, sell mich Ihne! — Aus de Judde ihre Kralle
Haww ich den rausgerisse noch zu Prag,
Sunscht wär er aa jetz fort in alli Welt wie Raach!
Do ware Sache noch! — e Schwerdt vun Karl dem Große,
Em Attila sein ledderne Reidderhose
Mit diamantne Knöbb dran wie e Schpatzeai,
Bei drei — vierhunnert Harnisch, all in eener Raih; —
Ich glaww, in keener Bibliodhek sin hier
Die Riddergschichde bschriwwe all un die Turnier
Vun denne dort lewendige Angedenke
In Schwerdter, Panzerhemder, Helm un Harnisch henke, —
Was sag ich: henke? prost der Mohlzeit! jetz,
Wer jetz was finne will noch, der kummt letz;
's is Alles fort! — In aller Herren Länder,
In Petersburg, in Wien un Nüremberg, do könnt 'r
Vun dene Grafe Protzeck ihre Sache finne.
Do awwer, an dem Klowe, an der Wand dort hinne,
Do hängt des beschte Schtück, die Kron vun alle,
Der schwarze alde Helm mit dene Dalle!
Do kann mar halwe Däg lang hin sich setze,
Des Schtück betrachde un sich dran ergötze.
Em Kaiser Franz sein Hofjudd der hot Maul un Nas
Ufgschperrt, un zwanzigmol gerufe: „was is das?"
Wie ichen ghatt hab, un hot zehe Rolle
Browänner glei Profit mer gewwe wolle.
Ja! prost der Mohlzeit: Geht zum Levi Elkan nunner,
Der schneidt euch so drei Ehle Helm vum Schtück erunner, —
Un sag e Kumplement: er soll gut messe! —
Des hawwe se nig gsehe dort, die blinde Hesse
Mit ihre große Mäuler un mit Brille all,

S. 176.

Daß des der Schlachthelm is vum Hannibal!
Un die zwee Talle hot 'r aus der Schlacht
Bei Canaan, — die hot 'r mitgemacht.
Deß hawwe die gelehrde Herrn nig gsehe,
Daß innewennig drin die Name schtehe:
„Annibale Cartajo“ — „vun Karthago“, do guckt nein!
Er könnt vielleicht a vumme Wollfartätscher sein,
Nit wohr? Un 's Gucke hätt e bissel Müh gekoschtt,
Dann 's war vum Alber dick schun zugeroschtt!
Un was e Arweit! — Dem sein alde Händ,
Wann mar den noch emol lewendig mache könnt,
Die wäre's werth im Feur verguldt
Zu werre, for die Müh un die Geduld, —
All die Kanone, Fahne, Trummle un Schtandarte,
Die Doppelhake, Schwerdter, Helm un Hellebarde,
Deß all so sein do nein zu füsilire! —
Do kumme die gelehrde Esel, dischbedire:
Mar hätt zu seller Zeit noch keen Kanone ghatt;
Verschteht sich! ja! Der Cäsar hot vielleicht die Schtadt
Karthago nor mit Schlüsselbüchse bumbardirt,
Die dreifach Maur mit Schpritze umelyschtirt!

   Grad so Gelehrde, — un des is keen Sünd gethan, —
Die führt mar leichder als de dumschde Gehret an;
Do kummt emol der Herr Baron vun Beisele,
Der laatschig Schpichelschwob, — un sein Herr Eisele,
Der Glatzkopp mit seim gele Leddergsicht,
Reiß in mein Kabinet — die haww ich awwer kricht!
Der will was kaafe, wolfel — schön — un aa noch rar,
For sein Herr Vadder. — Ja, warum nig gar!
Daß so e Krautbaron was aus meim Kabinet

Uf seiner Baureckerwe ufzuhenke hätt!
En alde Radschuh un e Karchschmierbüchs,
Meintwege aach e Schperrkett, annerscht awwer nix,
Haww ich gedenkt, des wäre Sache
For deim Herr Babber zum Präsent zu mache. —
Do fällt mer's ein, en alber Ulmer Fuhrmannsklowe,
Wo ich emol habb gfunne ghatt, un uf habb ghowe,
Der war noch unner annerm Rumbelzeug un Dreck
Ganz hinne uffem Bode imme Eck;
E durchgebißni Schpitz war dran, e Rohr vun Knoche,
Un hot noch Blasse=Reidder=Knellersaft geroche.
Wart, denk ich, do den Klowe könnt 'r friche,
Mein annre Sache awwer loßt 'r liche!
Ich sag: Ja, meine Herrn, — was denke Sie?
Deß Alles hot sein Herrn, dovun werd nie
Un um keen Preis e eenzig Schtück verkaaft,
So lang die Donau noch durch Oeschtreich laaft;
Mein Kabinet is in 're feschte Hand,
Des ghört schun lang em Kaiser Ferdinand;
's kummt Alles, wann ich dodt bin, nein noch Wien,
Un werd dort ufgschtellt; — wenne Sie sich hin
Un froge Se de Metternich emol, ob er
Nit ebbes abzuloße Willens wär?
Den kann ich sehe schun un höre, wie er sächt:
„Ei warum nit, ihr Herrn? wann's euch Vergnüge mächt,
„Do geht nor hin zum Levi Elkan nunner,
„Der schneidt euch glei drei Ehle Alderdhümer runner
„Ganz frisch vum Schtück! — E Kumplement, er soll
                            gut messe, —
„Un ich empfell mich Ihne unnerdesse!"

Was meene Se, was is es dem so sauer gschehe,
Wie 'r sich hot müsse doderzu verschtehe,
Mir außer 'm Drufgeld aa noch die Dublett
Zu gewwe aussem kaiserliche Kabinet? —
Wie er mich an die Wand hot sehe greife,
Wo die ehrwürdige alde Duwakspeife
Vum Kaiser Rudolf vun Habsburg all in eener Raih
An goldne Nächel henke, — un darbei
Die Bschreiwung uf ladeinisch, Johr un Dag,
Wann er zuerscht und aa zuletscht de Raach
Aus jedem Klowe nausgeblose hot, —
Die Wand, vor der e ungrischer Magnet
Mim blose Säwel Dag un Nacht als Schildwacht schteht!
    Ja, Durchlaucht, haww ich gsacht, do hilft keen Gott!
Entwedder ich krich do des Peische zum Präsent,
Entwedder, — odder unser Handel is am End!
    Kaum daß ich en darzu habb könne bringe;
Dann do den Ulmer Klowe hot bei Binge
Der Kaiser Rudolf 's erschte Mol sich gichtoppt,
Wie er hot Nachts bei denne Ridder angekloppt,
Wo sellemol in Wetzlar beim Reichskammergericht
Als Räuwergsindel 's Dodtesurtheil hawwe kricht;
Wie die nig glei die Schlüssel hawwe gfunne,
Do hot er en geleucht, — ihr Neschter angezunne;
Un dreiunzwanzig Burge ware abgebrennt,
Do war er noch nig ganz mit dere Peif zu End;
Dann der Karolus-Magnus-Knaschter war
Zu seller Zeit noch keen so schlechdi Knellerwaar
Wie heut zu Dag. Do riech eens jetz noch, — den
                                            Geruch!

Kummt mir der Docter, des zweebeenig Buch,
Un fällt mer in meiñ Redd, so zwerch un üwwerecks:
„Die Duwakspflanz, mein Vester, das ist ein Gewächs,
„Das haben wir erst aus der neuen Welt,
„Was beinoh drei Jahrhundert später fällt
„Als Kaiser Rudolf" — Ja, sag ich, Herr Professer,
Sie wisse freilich Alles gründlicher un besser!
Sie sin im Schtand aach un beweise aus der Gschicht,
Die Mudder Gottes hätt nöch Tisch keen Kaffe kricht
Zu Cana in Galiläa, im goldene Löwe
Bei dere flobbe Hochzich! — Seit meim ganze Lewe
Weeß ich's un jedem Kind is's so bekannt,
Daß wann halbwächsge Buwe hier zu Land
Sich noch keen Raachduwak verschaffe könne,
Daß sie do hergehñ un Kartoffelblädder brenne,
Nußblädder, un wer weeß was noch for Zeug, —
Un wann's Kamille wäre, des is gleich!
Deßwege is die Peif, aus der se raache,
Halt doch e Duwakspeif in meine Aage;
Un hätt der Kaiser Rudolf aa keen Knaschter ghatt,
Wann's ihm nor gschmeckt hot, — was hot's gschadt? —
Mar hätt keen Duwak ghatt zu seller Zeit?
Ei, sage Sie emol, — Sie sin jo doch so gscheidt, —
Wann mar vun rechde alte Gschichte redt, un kann
Die Zeit gar nimmer bschtimme, — warum sächt mar dann:
Des is e Gschicht vun „Anno Duwak?" — Gell,
               Sie schweige!
O! losse Sie mit Ihrer Weisheit heem sich geige! — —
   Awoll! — un wär's e Docter un Professer noch darzu,
's mächt keener mir e X vor, for e U!

S. 180.

Was ich do habb, Herr Doctor Eisele, is echt,
Wann Er aa Borzelbääm un Räder schlächt,
Gelehrte Borzelbääm un Entrechats; —
Was ihr Gelehrde wißt, des weeß ich aa! — —
　　Möcht höre, was der Metternich dhät sage,
Herr Hofrath! wann ich do des Klöbche los dhät schlage?
Eh'r werre all mein Knoche krumm un lahm un schteif,
Eh ich den Schlachthelm hergebb und die Peif!
Jo, rabbelt ihr als nor mit euerm Geld;
's muß eem nit Alles feel sein uf der Welt!
　　Herngege ja, wann's Engelänner sin,
Wie sellemol der Marquis Littlesinn,
Wo glei mit Pund un Goldschtück um sich schmeiße,
Un froh sin, wann se nor recht bschummle
Sich losse könne! — Warte Se, die Gschicht,
Wie der den welsche Gockel hier hot kricht,
Die müsse Se doch höre noch! — do newe
Do wohne Leut, wo so vum Gflüchelmäschte lewe;
Der Beefsteak kummt do ruff zu mir ins Haus,
Betracht mein Sache, guckt zum Fenschter naus
Un drüwwe sitzt e Welscher uf der Schtang:
Wie der den Kopp sicht, bsinnt er sich nit lang
Un bloßt sich uf un kreischt: „hau du yu du";
Der Beefsteak ziecht de Kobb zurück, mächt 's Fenschter zu,
Un meent, der fremde Vochel wär dressirt,
Villeicht e Art vun Babbegeie, — dann so Kerl
Die esse Welsche= un Posaunebrode,
Un könne eem um dausend Gulde nit verrohde,
Wie 's Dhier mit Feddre aussicht; — er parlirt
Was mit seim Lohnlakei, — der hot 'n nüwwer gführt;

Er biett, un zahlt aa glei, in Goldschtück, blank un rund,
Der Fraa for ihren welsche Hahn drei Pund,
Un schickt en imme Kähwig mimme Extrabott
Nöch England nein, vergnügt wie 'n junger Gott;
Dann des hau du yu du sächt mar in Engeland,
Wie mar in Wien sächt: „I küß Ihna d' Hand.“

Am annre Dag, glei Morgens kummt 'r widder
Zu mir, und will was hawwe vumme deutsche Ribber; —
Mar meent, wamm mar so Beefsteak vun der echde Sort
Rumschtolpre sicht, de Hut im Gnick, — die Mensche dort
Die käme, wie die junge Metzelhund,
Blind uf die Welt, un wäre uf die heubig Schtund
Als noch zu faul, ihr Aage ufzumache. —
Ich sag wie's wohr is: „Herr Marquis, die Sache,
„Wo Sie do sehe, sin in feschter Hand,
„Die ghöre all em Kaiser Ferdinand“, —
Denk awwer doch: du krichscht mer was! — un hol
Aus dere Schublad dort e roschtige Pischtol,
Un sag, die könnt er hawwe noch, — mit dere hätt
Der Ribber Furibald von Scharfenstädt —
Der Name is mer grad ins Maul so kumme —
Im heilge Land drin 's Lewe sich genumme;
Wahrhafdig, 's war mer selwer angscht un bang,
Ich habb noch nie geloge ghatt meist Lewe lang;
Bei dem war awwer mit e Funke Gfohr;
Ich glaww, ich hädd em grad so gut aa könne
Vum Bawylonsche Dhorn villeicht ufbrenne:
Den hätte die Freimaurer gebaut,
Un 's ganze Handwerkszeug vum Hauptballier
Wär in der Loge noch jetzt zu sehe hier,

S. 182.

Mitsammt seim seidne Schorz, — er häbb aa des verdaut!
Er frogt mich aus nöch Ort un Dag un Johr,
Un ich verzähl em dann, em Ribber Furibald
Sein Burg, Schloß Scharsenstädt, die schtünbt im
                                            Odewald,
Zu Erbach dhät mar noch sein Harnisch weise, —
Der hot zweehunnert Pund, sag ich, alleen an Eise,
Jetz erscht noch 's Ledderwerk! — Ja, also der Baron,
Des war e Freund umm Gottfrid von Bouillon:
Wie der is neingezoge nöch Jerusalem,
Denkt er: jetz bleiw ich aa nimmehr darheem, —
Un geht. Bei der Belagerung hot er
's Cummando üwwernumme vumme Corps Sappeurs;
E Feuerdeisel war's sein Lewe lang,
Uf eemol cummandirt 'r, daß mar 'n Minegang
Sollt unnerm Saladin sein Hauptdhorn führe;
Sein Mannschaft glotzt, muß awwer doch barire.
Der Gang werd ferdig; wie die Min soll schpringe,
Do cummandirt 'r, mar soll 's Bulver bringe.
„Herr Reichsbaron, sächt do so 'n alder Kunne,
„Ei 's Bulver is jo gar noch nit erfunne!" —
Do hott 'r glei sein Knabbe zsamme kumme losse,
Un hot sich, — do mit der Pischtol — erschosse.
   Der Beefsteak schtellt sich hin un hot halb schpöttisch
                                            gsacht:
„Ei, was hat ihn denn zum Erschieß gebracht?"
Ja, sag ich, Herr Marquis, — als ob mar wüßt,
Warum e Ribber haut un schticht un schießt!
Ei, grad so gut soll ich am End aa wisse,
Warum Ihr Landsleut all uf Reese gehe müsse, —

Warum die Haimonskinner alle vier
Vorm Kaiser Maximilian bei dem Turnier
Zu Nüremberg uf eener Märr zu viert
Im korze Judoetrabb sin usmarschirt, —
Nit wohr? do soll ich wisse aach am Eud, warum
Der Dhornknopp uffem Hildesheimer Dum
Uf 's Dübbele sein vierunzwanzig Schneider
Grad fasse kann, keen weniger, keen weider, —
Wie mar uf Bartholomäi jedes Johr kann sehe,
Wo vierunzwanzig Meeschter dromwe nähe;
E Jeder mächt e Paar bocksledderne Hosse,
Wer seini 's erscht kann ferdig runner bamble losse,
Is 's nächscht Johr Owwermeeschter vun der Zunft; —
Erkläre Sie mer des e Mol aus der Vernunft!
     So is aa 's Mehrschte aus der Ridderzeit.
Do geht e Burgdhor uf, schperrangelweit,
E Ridder schprengt voraus, die Knabbe hinnedrein,
Fort üwwer Schtock un Steen, durch Wald un Feld,
Bis Roß un Reider endlich zsammefällt, —
Warum? Ja weeß ich's? — Gucke Se, so is's aa grad
Mit Ihrer Frog, warum der Ridder Furibald
Mit der Pischtol hot uf sich losgeknallt.
Des kann mar 'm freilich schriftlich gewwe, daß 'r e Narr,
En erzverrückter Kässerjörgel war.
Es hot e Mancher 's Bulver nit erfunne,
Dernthwege is's em doch lang gut genuch dohunne!
     Jetz is er freundlich worre un hot gsacht:
„Ei, sagen Sie, wie hat er das gemacht?
„Das kann ich noch nicht wissen oder rathen,
„Mit Welches war denn der Pistol geladen?"

Aha, denk ich, der will mich gar in Gänsbr — führe;
O neeñ! du bischt noch nit der Mann mich zu vexire! —
Mit griechisch Feuer, sag ich, Herr! mit griechisch Feuer!
Die Schießbaamwoll is, wie Se wisse, neuer,
Drum hot aa die Pischtol e Feuerschloß;
Ich werr mich hüde, daß ich's ännre loß, —
Dann, wäre aa die Pistonschlösser,
Wie mar behaupde will — wann's wohr is! — besser,
Do orgelt mar doch so e Alberdhum
In meim Land nig grad vor die Kaze rum!

Korzum, er biett, mir werre Handels eenig,
Un er is fort mit, schtolz druf wie e König.
Haww ich nit recht ghatt, sage Se, daß ich
Die echt Pischtol vum Furibald for mich
Gebhalde hab? — Is's nit for so 'n Hans Dudeldee,
Wo nit e Dreckele verschteht, ganz eenerlee,
Was er nöch England in seiñ Höhl neiñträcht, —
Wann er im Glaawe seelig is, 's wär echt?
Ja! daß ich so 'me Kerl die echt Pischtol
Vum Furibald aus meim Gewehrschrank hol'!
Do sehe Se! do hängt se! is des nit e Schtaat?
Is do nit 's echde alde Schloß drañ, mimme Rad?
Die hot emol keeñ Abbeschtat mer nödhig,
Dann im Pallascht vum Doghes vum Venedig
Do war se, — bis se der Napoleon
Hot gholt un ins Pariser Pantheon
Als Kriegsbeut ufghenkt hot; — un als e Rarität, —
Wie's halt in so 'me Völkertruwwel geht, —
Hot sich se domols im verrzehter Johr
Im Pantheon e russischer Major

Schtillschweigends ausgebitt. Ich hawwen gut gekennt,
Un habb se dummem kricht, beim Abschid, als Präsent.
Der Doghes vun Venedig. hot drum gschriwwe,
Ja, sell mich Ihne! sie is ausgebliwwe!
Der kann en Schnappsack an de leere Nachel henke,
Un kann sich meiñ Pischtol neiñ denke!
Freundschafde sin halt doch zuweile aa was werth!

So häbb ich do aa nit des Hölzerlipse=Schwerdt,
Mit dene Denkschprüch druf, wann ich mich nit mim albe
Scharfrichder jederzeit so gut hätt ghalde;
Der hot am End en Schauder kricht darvor;
Dann wann er Een hot köbbe müsse, hot zuvor, —
Eh er's gewüßt nor hot, als Nachts des Schwerdt
Vun selwer sich geregt, gerasselt un geklerrt;
Die Fremde hawwe sich schier drum geraaft,
Ja, sell mich Ihne! er hot's mir verkaaft;
„Dann", hot 'r gsacht, „ich weeß du bischt e Patriott,
„Wo Lieb zu vadderländsche Sache hot,
„Do weeß ich aa, daß's nit vun eener Hand zur annre
„Un gar am End nöch England neiñ werd wannre."
Kaam haww ich's, hält aa drunne schun e Wage,
Un der mit seine rodhe Cyprianer=Aage,
Der dick Lord Nothinghead, schteigt aus
Un watschelt ruf zu mir ins Haus,
Will mir nix dir nix do meiñ Hölzerlipsschwert kaafe. —
Du kannscht die Been dir aus 'm H — — laafe,
Haww ich gedenkt, — des deutsche Räuverhauptmanns=
                                            schwerdt
Bischt du alts schmörblichs Budderfaß nit werth!
Ja, gucke Se, Herr Hofrath, 's hot mich nix gebabb!

Ich habb vor denne Kerl die Nachtruh nimmer ghatt:
Des ewige Gelääf hot mich am End verdrosse,
Un habb mer sechs so Schwerdter mache losse,
For Niemand annerscht, blos vor Engelänner,
Un habb se nöch, for siwwezig Browänner
Per Schtück verkaaft, — des eeñ dem Lord,
E zwetts dem Graf vun Rumplefort,
De Dridde haww ich mit seim Name nig gekennt,
Er hot de Tiddel ghatt als Reverend;
Die hawwe die drei erschte kricht, — sin mit geloffe,
Als hätt mar se beim Schtehle añgetroffe, —
Wie ich emol en Kerl habb laafe sehe,
Der hot e großi Schnur mit Cervelatwörscht giehe,
Die war do vor 'me Megsderslade ghanke;
Der sicht Nimmand, un kummt uf den Gedanke
Un henkt se ab, un laaft, un schlingt
Se um de Hals sich rum un schpringt;
Der Megsder awwer, — kaam sicht der seiñ Wörscht
nimmehr,
Der raus, un nöch, un kreischt als hinnerher:
„Ihr Männer, hebt en! hebt en! schmeißt en um!"
Der Dieb bleibt ruhig schtehñ, un dreht sich rum,
Un sächt: „do, Meeschter, habt 'r Euer ganzi Gschicht,
„Hädd ich die Worschtguirland uñbschraue kricht,
„Do hädd se mer was gholfe, — ich brauch Symbadhie,
„Dann ich habb 's Podagra in meine Knie";
Der Megsder awwer war nit links
Un hobbem gholfe, hobbem dunnerschdings
Sein Buckel — un des nit emol uñbschraue —
Der Symbadhie zu Lieb grüñ, bloo un schwarz verhaue. —

Ich glaab, do war am End aa Synbadhie darbei,
Daß ball druf mein Herrn Beefsteak alle drei
Mit ihre geschliffene Faschinemesser
Sin uffem Dampfschiff zsamme kumme. — Deschto besser!
Jetz sin die Wechselbälg doch alle sechse fort.
Ja, denke Se, uf eemol keucht mein dicker Lord
Mit seim Kurier zu meiner Hausthür rein,
Un wie e hitziger Gickel uf mich drein:
„Sie habenn mir verkauft das Hölzerlipsensword
„For echt, — un eben so an Erl of Rumplefort
„Dasselbe Sword von ihm end seine Speißgesellen,
„Und ich soll einen dritten Herren stellen,
„Den Reverend — (meintwege: Plumpsack) — wel=
                                       chem Sie
„Auch ein Sword verkauft, — uns alle thrie,
„Thrie inglisch Gentlemen dasselbig Sword, —
„Un habenn uns besichert mit: „ein Mann, ein Wort",
„Daß Hölzerlips end sein fünf Speißgesellen
„Ihr Köpfe sin von dieses Sword gefällen,
„Beköpfen — schtt! ab! — oder wie man sagt, —
„Habenn also Betrügniß mit uns gemacht! —
„Eich werde einen Advokaten sagen,
„Daß er Sie for Betrügniß soll verklagen!"
      Ja freilich, sag ich, — geht im Land erum,
Verklagt die Leut — schlächt Lärme — rumbedibum!
„Und weiter, sächt 'r, sind wir all auf ein
„Steamboat gefahren dieser Tage auf dem Rhein;
„Der Reverend und Erl of Rumplefort
„Habenn sich um die Echtniß von ihr Sword
„Gestritten, erst mit mir, und dann mit sich,

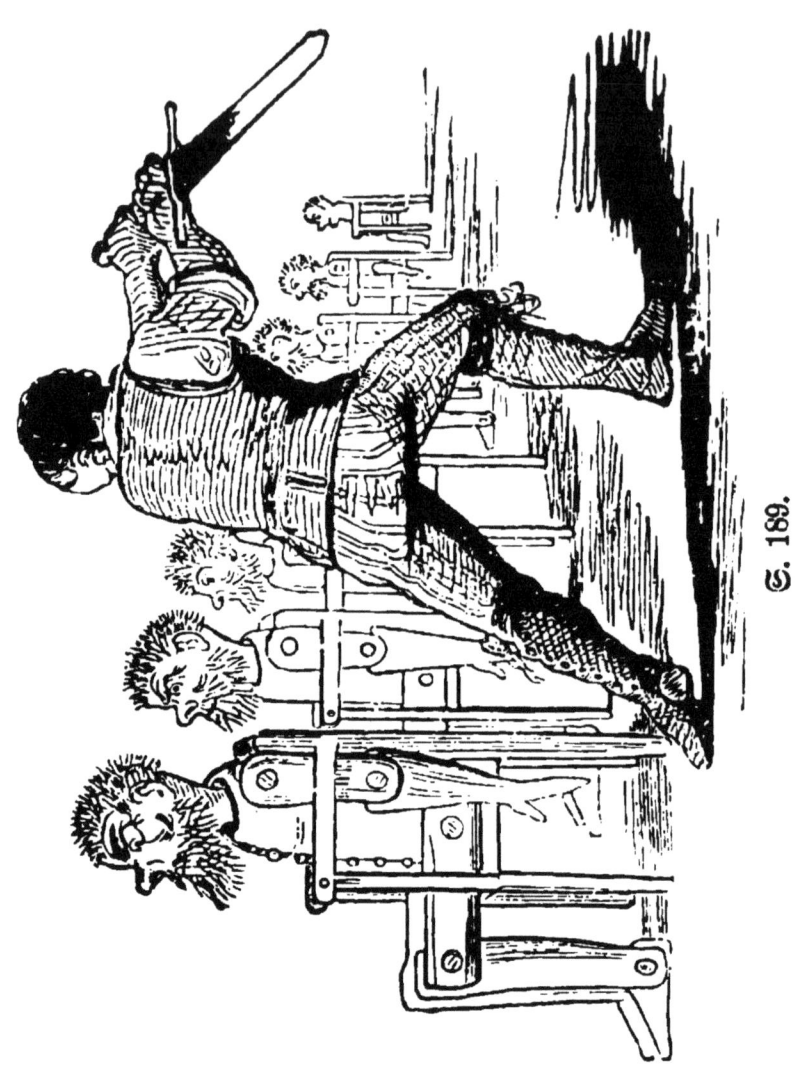

S. 189.

„Und jeder hat gesagt: das echt hab ich!
„Änd habenn sich geboxen, yes! comme ça, —
„Bis eich gekommen bin, und sagen: „ah,
„Beruhn Sie, Gentlemen — das ist nicht recht;
„Wir sind betrügt, die Swords sind all nicht echt,
„All drei nicht" — nun, was sagen Sie dazu?

Oh, sag ich, des schtört mich noch nit in meiner Ruh! —
Im alde reformirde Gsangbuch schteht e Lied,
Des führe Sie sich erscht e bissel zu Gemüth,
Un singe Se's — zu dritt — ich bitt Sie drum!
's fangt an: „Ach Gott, was is der Mensch so
                               dumm"; —
Un schreiwe Sie sichs hinner 's Ohr mit schwarzer Dinde:
's gibt nor drei Schtück, die sin nit zu ergründe,
Uf dere Welt, — des is e Paffesack,
E Musigandegorchel, un e Weiwerherz;
Des sächt mar Ihne allerwärts.
Die Wohrheit awwer hot en feschte Grund,
Un wamm mar frogt, do werd se eem aa kund!
Meintwege boxt sich noch ganz Engeland,
Um was es Luschte hot; — aus meiner Hand
Kummt, ob se boxe odder nit, keen unecht Schtück! —
Mein, denke Se e Mol e bissele zurück
Aus Abecebuch un aus Eesmoleens,
Un sage Se: wie viel is fünf un eens?
Un nemme Se emol dererscht de Hölzerlips
Un dann sein fünf Schpießgselle all am Gribbs,
Un froge Se en Schulbu drum, wie viel
Des zsamme sin? — Ich meen, des wär e Kinnerschpiel
Selbscht for die siwwe Schwowe, des zu zähle;

Vielleicht der Schpätzle=Schwob alleeñ bhät sich mit quäle,
Wo als die Uhr gezählt hot, un hot gsacht:
„Diñs — oiñs — oiñs — oiñs — die Glock hat
                  allwil oiñs gemacht,
„Jetz muß ma's rechne!" — — Awwer, a propos,
Ich meen, Sie schtelle sich grad ewe so;
Wann eens un fünfe sechse mächt, un's werd
For jeden Räuwerkrage aach e Schwerdt
Beim Zeugschmidt bschtellt, — ich denk, do mächt
Der grad e halwes Dutzend — schlecht und recht!
Drei hawwe Sie zusamme, drei haww ich,
Und wann ich Ihr drei Schwerdter widder krich,
So sin se's dann, wie mir se vum Schaffot
Der Freiknecht eens ums annre runnergewwe hot.
Nor her mit widder! die sin baares Geld;
Zum zwedde Mol kricht mar die nimmer uf der Welt!
Un hawwe se aa Roscht, der is ganz gut, —
's is Roscht von Hölzerlipsianerblut!
    „Ei, sächt 'r, wird denn das in Deutschland so gemacht?
„Ein jeder mit ein frisches Kopfsword umgebracht?"
    Ha, sag ich, wie dann annerscht? losse Sie
Dann nit bei Disch, wann nor e bissel Brüh
An 's Messer gschpritzt is, sich e frisches kumme?
Werd dann bei Ihne nit e ganz frisch Bschteck genumme
Bei' Dafel for e jed Gericht?
Ich meen ich hätt schun giehe, wie der Kellner kricht,
Wann er's vergißt! — 's is recht, 's is Reinlichkeit! —
Jetz meene Sie, mir wäre hier noch nit so weit,
Daß der Scharfrichter bei 'me Blutgericht
Nit aa vor jeden Kopp seiñ frisches Messer kricht?

„Ah, sächt 'r, werry well! Sie haben also doch
„Die andern Hölzerlipsensworde noch?
„Ich werde jetzt sie kaufen alle drei,
„Und auch in Ingland noch die andern zwei,
„All sechs, und werde hängen sie in meinen Saal
„Auf meinem Landsitz Nothingheadenshall!"
Er hot se kricht! verschteht sich! kricht se all!
's is Gold, pur Gold, for Nothingheadenshall!
Als fort mit! fort! die Fudderäler noch darzu!
Do in mein Schtall will ich keen kranki Kuh;
Dann, schteht so unecht Zeug emol als in de Ecke,
Do meen ich, 's dhät mein anner Sach añschtecke,
Mein Helm, mein Habsburgspeif, mein Hölzerlipseschwerdt,
Mein Furibaldspischtol, mein Fischbeeñgert,
Mit der der Hunnegsandte Selim durch un durch
Vum Kaiser ghaue worre is zu Regensburg.

    Herr Hofrath! wann Sie widder an mich denke
Un mir 's Vergnüge widder wolle schenke, —
Ich schteh zu Dinscht! — Ich kann vun meine Sache
Mit dausend Gschichtlin Sie bekannt noch mache,
Wo Sie gewiß sich dran luschtire solle;
Nor dörfe Se nix vun mer hawwe wolle;
Dann dovuñ werd aach um keen Preis e Schtück verkaaft,
So lang die Donau noch durch Oeschtreich laaft;
Mein Cabinet is in 're feschte Hand,
's ghört Alles, was do is, em Kaiser Ferdinand!

Schelmen und Lumpen.

E unbewachts Herz.

Wann ich an mein Schicksal denk,
    Wackle alle Disch un Bänk;
Denk ich, daß ich lebdig bleib,
    Wackelt mir mein Herz im Leib.

Seit mein Andrees mich verschmäht
    Un mein Franz mit Annre geht,
Haww ich's bei meim Jörg verschütt,
    Un mein Kaschper mag mich nit.

Morge hält mein Heinz Verspruch,
    Un wann ich mein Fritz uffsuch,
Wirft er mir mein Theodor
    Un mein zwee Dragoner vor.

Hie un do emol e Kuß,
    Mächt euch des so viel Verdruß?
Kummt e kecker junger Mann,
    ·Sagt, was ich do mache kann?

Is dann uffem Feld die Rüb
  Sicher in der Nacht vor Dieb?
Wär mein Herz e Feschtungsdhor,
  Schtünd e Schilderhaus darfor.

Schtünd e schöner Kanonier
  Wacht vor meiner Herzensdhür,
O! do ging ich mit in's Feld,
  Blieb nit leddig uf der Welt.

Denk ich, daß ich leddig bleib,
  Wackelt mer mein Herz im Leib,
Wackle alle Disch un Bänk,
  Wann ich an des Schicksal denk.

* * *

Alleweil hot se en Mann,
odder
Kitzegroo un blitzebloo.

Viel tausend Geige sin am Himmel ghonke, —
  Un grad der Brummbaß war for mich!
Bin noch so jung, so blutjung noch an Johre,
  Und er so ald un schlodderig;
    Wie is sein Kopp so kitzegroo,
    Wie is sein Maul so blitzebloo,
  Wie wässrenem die Aage, —
  Ach Gott, was knorrt sein Mage!

Will er mich herze dann un wann, un küsse,
  Do sucht er erscht sein grüni Brill,

Un noch seim Doppelmops erscht bhut er greife,
Wann er vun Lieb was näßle will;
    Wie is sein Kopp so kitzegroo,
    Wie is sein Maul so blitzebloo,
Wie wässrenem die Aage, —
Ach Gott, was knorrt sein Mage!

Wie is der Himmel so voll Geige ghonke, —
    Un grad der Brummbaß war for mich!
Wie lang, wie lang muß ich mich noch gedulde,
Bis ich en Annre sorren krich?
    Wie is sein Kopp so kitzegroo,
    Wie is sein Maul so blitzebloo,
Wie wässrenem die Aage, —
Ach Gott, was knorrt sein Mage!

Der dreischtöckig Ries.

Wandl ich winderowends durch die Schtroße,
Seh ich als die junge Päärlin kose
    An de Dhüre drunne, beim Ladernescheiñ;
Feine Glacéherren lorgneddire,
Blasse Modedämcher kokeddire,
    Seh ich in de owwre Schtöck durchs Fenschter neiñ.

Un in Thräne möcht ich oft verfließe,
Daß ich's seh un kann's nit aach genieße,
    Daß uf Liewesglück ich so verzichde muß.
Wohl e Schätzel, drowwe hinnerm Gidder

Uffem Dhorn, war mein, — doch, o wie bibber!
Droht un Eise war zu eng for jeden Kuß.

Ich bin widder kumme mit der Zibher,
Haww e Klaglied gsunge durch ihr Gibder,
 Haww aa neiugepischpert manches süße Wort;
's brummt un rasselt uf 'm Schtrohbund hinne, —
Ach! mein Liebche war nimmehr zu finne,
 's war schtatt ihr e Bäre=Kerl in Kedde dort!

Un im Schtrombedd in de nasse Welle,
Wo ich denk, es sin die dieffschte Schtelle,
 Such ich liewestrank de kalde Wasserdodt;
Ach! ich schpreng doch nie mein Lewensbande!
Schtröm und Bääm mächd all mein Läng zu Schande,
 Zum Versäufe un zum Henke gibts keen Roth!

Un als Kriegsknecht häbb ich möge schterwe,
Als Gardischt wolld ich mich losse werwe,
 Doch ihr Duch hätt nig gelangt zu meiner Größ.
Uf meim Kobb licht schun der Schnee, wann drunne
Blumme noch im Freie werre gfunne,
 Nor im Herz drin is's Johr aus Johr ein so heeß!

O! barmherzger Mond am blooe Himmel,
Nemm dich an doch um mich lange Lümmel
 Als mein alder guter Freund un Nochbarsmann!
Sag 'm Orion un de annre Herre,
Ich wollt Himmelshausknecht bei euch werre,
 Weil ich doch uf Erde hier nix werre kann.

Machs bekannd, o Mond, ich könnt rasire,
Euern Bäre sübre un de Wage schniere,
   Sag, ich wollt die Milchschtroß kehre jeden Dag,
Wollt, wie's hier schun brave Hausknecht müsse,
Aa die Dam vum Haus, die Venus, küsse; —
   Mond, dann hoscht aa Ruh vor meiner Liewesklag!

E Walburgisnacht.

Uewwer Maure in e Fenschterle verwiche
Zwische elf un zwölfe in der Nacht
Bin ich leis un sicher, wie schun öfder, gschtiche, —
   's werd zuweile als nit zugemacht;
Hot meiñ Schätzel in der Küch darnewe,
Mit 're Salb de Bese gschtriche ewe,
   Hot sich druf gsetzt un e Schprüchel gsacht.
   Husch husch husch, un fort! 's war in Walburgisnacht.

Un der Teiwel pischbert mir do in die Ohre:
   „Nemm en Bese, druf, sag 's Schprüchel, reit!
„Reit 'r noch, nor gschwind, sunscht hoscht ihr Schpur
           verlore,
   „Dummel dich, jetz is se noch nit weit!"
Gsacht, gedhañ! — Kumm her, du schtummer Bese,
Sei meiñ Gaul heut Nacht, ich geh uf Reese:
   Schlippedischlapp! Kalopp! husch husch! nor frisch!
   Durch die Lüfde un durch alle Heckebüsch!

„Durch" die Heckebüsch, des Durch war groß versehe,
   „Uewwer" alle Hecke, hot se gsacht;

Durch die Hecke hot mein Ritt halt müsse gehe,
 Sie hot ihren drüwwer wegg gemacht.
Rock un Hose sin die Nacht verrisse
Un mein Gsicht haww ich verpläschtre müsse, —
 Un jetz uhzt mich noch die Wedderhex:
 'z Bockbier, sächt se, wär halt gar e schtarks Gewächs!

Donna Pannina.

Der kupperne Kessel, e schtattlicher Herr
Mim e runde Dumherrebauch,
Der hot sich ins messinge Pännche verlibt,
Wie's unner uns Mensche is Brauch.

„Pannina! wie mächscht du mein Herz mir so schwer,
„Du üwwerhimmlische Pann!
„Es gsellt sich jo Gleiches un Gleiches so geern, —
„Süß Pännche, nemm mich zum Mann!"

Un ihr Tant, die alt Pann, hot ihr Schtumpnas ge=
 rümpt:
„Des wär mer e sauweres Ding!
„Dein Vadder war nix als e Kupperschmidsgsell,
„Du Schwarzamsel bischt uns zu gering.

„E Pann mit drei Been un 'me eiserne Schtiel,
„Un darzu noch e messingni Pann,
„Die nimmt keen so kupprige Wäschküchegsicht,
„Die is for en annere Mann!"

Der Keſſel, der nimmt ſich zu Herze die Sach
Un kricht vor Braſcht e groß Loch,
Un die alt Pann un 's Pännche ſchmeißt owends im Suff
Die Kücheprinzeß nōch 'm Koch.

O Pännche, wie krumm is deiñ eiſerner Schtiel,
O Pännche, wie ſchlobbre deiñ Beeñ!
Leb wohl, du zſammegebatſchti Fra Tañt,
Du werſcht in de Schmelzoffe gehñ!

Der Keſſel will unner die Kubbeleut gehñ,
In e Kloſchber die ſchlobbrig jüng Pann;
's verbollerde Pännche ſeh 'ich ſchun als Nunn,
Un als Glatzkopp den kupperne Mann.

Doch der, wo die Keſſel un Panne als flickt,
Der hot 'n ihr Schäde verniett;
Vier Woche druf hawwe ſe Hochzich gemacht,
Un die Hochzich is 's End vun meim Lieb.

<hr />

Die Heerd ohne Hert.

Uns iſt ganz kannibaliſch wohl
Als wie fünfhundert Säuen.
Göthe.

Der Guardian licht uffem Ohr,
  Die Dhore ſin verrammelt;
Drum hot ſich unſer ganzer Chor
  Im Keller jetz verſammelt.
Des ſchmeckt ſo ſüß un ſchmeckt ſo gut,
Zumol wam mar's verborge bhut.

Hoch unserm braune Orden,
Em Kabuzinerschtand!

Wann unser Kudd aa kratzt un beißt
Un dausend Flöh uns ploge, —
Eh's letschte Schtück draň nit verreißt,
Werd die nit ausgezoge.
Bun alle Kleeder in der Welt
Die Kudd am allerlängschte hält;
Hoch unserm braune Orden,
Em Kabuzinerschtand!

Die Wildsäu draus im wilde Wald
Un uffem Feld die Schpatze, —
Is's nach im Winter noch so kalt,
's schloft keener uf Matratze.
E harbi Pritsch, e danne Brett,
E hoorni Kudd is unser Bett;
Hoch unserm braune Orden,
Em Kabuzinerschtand!

Die Köbb rasire mer uns kahl,
Do braucht mar nit zu lause;
Un werd die Koscht im Kloschter schmal,
Dhun mer beim Bauer schmause;
Un hammer unsern Ranze gfüllt,
Krichd er zum Dank e Heilgebild;
Hoch unserm braune Orden,
Em Kabuzinerschtand!

Do browwe uffem hoche Dach,
    Do laaft e schwarzer Kader,
Un unne vor der Hausbhür, ach!
    Seh ich en braune Pader;
Der Kader kreischt, der Pader schweigt —
Wer frogt de Wind, noch was er schtreicht?
    Hoch unserm braune Orden,
    Em Kabuzinerschtand!

Als Gaardeknecht en Ziegebock,
    O weh, du aarmer Bauer,
Un kummt in Kell'r e Kubberock,
    Dem is keeñ Weiñ zu sauer!
Un sollt keeñ Krahn im Faß drin seiñ,
Do schlagemer de Bode neiñ!
    Hoch unserm braune Orden,
    Em Kabuzinerschtand!

Schterw ich vor Euch, so ziecht drei Docht
    Durch's Fedd an meine Wambe;
Do habbt 'r, wann der Dorscht euch plogt,
    Im Keller ewge Lambe;
Un wann ich ganz bin ausgebrennt,
Do geht's aa mit der Welt zu End,
    Zu End mit unserm Orden,
    Mim Kabuzinerschtand!

's is e argi Welt!

Die Welt, die riecht nach Deiwelsbreck,
    Wo ich nor hiñ mag rieche!

Die Sunn die schtinkt, die Erd die schtinkt,
Die Ros, die Lilje, 's Veilche schtinkt.
  Un Hölleschwaddem fliege, —
Doch die Kinner der Welt, die rieche's nit.

Un wann der Deiwel Pille dreht,
  Der höllisch Theriakskrämer, —
Do kummese in Schwärm erbei
Un schluckese for Arzenei;
  Un gibter'n 's Gift aus Eemer,
Die Kinner der Welt, die schmecke's nit!

Er geht erum, ball als e Bock,
  Ball als e Löb mit Kralle;
Er trächt die Fedder uffem Hut,
Er brüllt in seiner Höllewuth,
  Daß alle Berg erschalle, —
Doch sie höre un sehe un riechenen nit!

Un käm 'r in schwarzer Sammethaut
  Un hätt sein Schwanz gekringelt,
Die Welt dhät sage: „seht, wie zart,
„Des is e Mohre=Engelsart."
  Un schpeichder Feur und züngelt,
Die Kinner der Welt erkennenen nit!

Doch mir, mir auserwählbi Schaar,
  Mir höre schtets sein Brülle,
Mir sehenen, wie er schäkt un hinkt,
Mir rieche's üwweraal wie's schtinkt; —

Dreh du der Welt dein Pille,
Die Kinner der Gnad, die nemme se nit!

Ach! wo die Gnad zum Durchbruch kummt,
Den heeßt die Welt en Mucker.
Wann's süß und schaurig in uns zuckt,
Do sächt die Welt: „er muckt, er muckt!" —
„E Pietischt, e Mucker!" —
Doch em höllische Feuer entgehne se nit!

E kindlichs Gebet.

Causa causae est causa causati.

Warum is 's Heidelberger Faß
Dann wohl so lobberleer?
„Ei, weil der Wein gedrunke is, —
„Wo käm des annerscht her?"

Ja, awwer warum hot mar dann
De Wein gedrunke all?
„Weil er de Herren gut hot gschmeckt,
„Deßwege war's der Fall."

Warum hot er de Herren dann
So bsunders fein gemundt?
„Ei, weil er so süß und feurig war;
„So will mar'n uf die Schtund."

Ei, wer hot dann die Süßigkeit
Un 's Feuer neingebrocht?

„Der liewe Herrgott hobben halt
  „Mit Sunnehitz gekocht.“

So bischt Du, liewer Herrgott, schuld,
  Daß 's große Faß is leer;
Drum mach den Schade widder gut, —
  Schaff's voll uns widder her!

Und wann's vielleicht de Wein nit hält
  Un rinnt un is verlecht,
So gewwen uns in Flasche her; —
  Doch wie Du's mächscht, is's recht.

~~~~~~~~

E geringi Ursach.

Guck! je mehr ich bhu im Wein,
  Deschto besser is mein Mage,
  Deschto heller sin mein Aage,
Dann ich bin e Kind vum Rhein.

Zweeunzwanzig Schobbe Wein
  Haww ich körzlich ausgedrunke
  Un bin doch nit umgesunke,
Dann ich bin e Kind vum Rhein.

Zweeunzwanzig Schobbe Wein,
  Un war nüchdern wie e Fisch,
  Klor im Kobb, und hell un frisch,
Dann ich bin e Kind vum Rhein.

Ja, uf dreißig Schobbe Weiñ,
　　Wann ich so viel hätt gedrunke,
　　Wär ich noch nit umgesunke,
Dann ich bin e Kind vum Rheiñ.

Un e cenz'gi Priß Dawak,
　　Wo ich do habb schnubbe müsse,
　　Die hobb Aageblicks mich gschmisse,
Hiñgschtörzt bin ich — wie e Sack.

Loß der des e Warnung seiñ;
　　Nimmand kann zwee Herre diene!
　　Kummt e Duß, sag: „sell mich Ihne;
„Gehn Se weider — ich trink Weiñ!"

Mir werd nix zu Wasser.

E Mancher klagt, daß all seiñ Dhuñ,
　　Wie er sich aach mag schperre,
Seiñ Plän, sein Schteckeperdcher all
　　Zu lauder Wasser werre;
　　　Des müsse Unglückskinner seiñ,
　　　Wann ich was añfang, werd's zu Weiñ.

Die Schönheit selwer war meiñ Braut,
　　Am Aldar schun der Parre,
Mir trinke noch, sie greint un meent,
　　Ich hätt se nor for Narre;
　　　Sie packt den Brautschtaat widder eiñ,
　　　Do war mein Heirath halt — zu Weiñ.

Es hot mer mimme Teschtament
　　Forduna zugewunke,
.Un ihr zu Ehr un Preis haww ich
　　Die Dhälercher verdrunke:
　　　　Un guck ich in mein Geldkischt nein,
　　　　Is aa mein Erbschaft halt zu Wein.

Der König will for mein Verdinscht
　　En Ordensschtern mir gewwe;
Er loßt mich suche üwweraal,
　　Ich war im Keller ewe;
　　　　Er schteckt sein Orden widder ein,
　　　　Do war mein Herrlichkeit — zu Wein.

E schwerer förchderlicher Traam
　　Bun Wasserkur=Anschtalde
Hot geschtern mich im Middagsschlof
　　In Angscht un Schrecke ghalde!
　　　　Am Owend lade Freund mich ein,
　　　　Do war mein Wassertraam — zu Wein..

Un wann ich, glaww ich, Willens wär,
　　In 's Weltmeer mich zu schtörze,
Do nähm die Sach mein Schutzpatron
　　Sanct Bacchus sich zu Herze;
　　　　Ich hör en rufe schon: „Halt ein,
　　　　Ich wandel 's Weltmeer erscht in Wein!"

Nor nit verschtellt!

Nor nit verschtellt! viel besser gradraus gsacht
Zur Fraa: „mein Schatzekind, heut bin ich bsoffe",

Wann mar zur Dhür neiñkummt nóch Middernacht;
Nor immer grabaus, ehrlich, deutsch un offe!

In meiner Fröd, bei unserm erschte Bu,
Haww ich e bissel Kindbaafswciñ gedrunke, —
Un aach e bissel annre noch darzu,
Dann haww ich Dorscht kricht uf den viele Schunke.

Un wie ich heem kumm, geh ich an die Wieg,
Die Schtubb war duschter, duschtrer noch meiñ Aage;
Ich setz mich hiñ e Weil, un wieg, und wieg,
Un nemm meiñ Kind, un will's e bissel trage.

„Herr Gott!" sag ich zu meiner Fraa, „des Kind
„Hot Hitz! mar muß noch heut en Docter hole,
„Er muß noch raus, und her, und des ganz gschwind,
„'s glüht durch die Windle durch, wie lauder Kohle."

Do hot meiñ Fraa sich ufgsetzt, un gelacht,
Un ich habb gsehe erscht mit große Aage:
E heeßer Krug hot mir so Angscht gemacht,
De Wärmkrug haww ich uf de Aärm getrage!

Noñ, sellemol, do is es glücklich noch
Uf Rechnung vun der flobbe Kindbaaf gange,
E gsundi Warnung war mer's awwer doch,
Nix aus Verschtellung je mehr añzufange.

Neeñ, kummt mer als e Mol nóch Middernacht,
Nor alsfort grabaus, ehrlich, deutsch un offe
Un ohne Hinnerhalt die Wohrheit gsacht:
„Lieb Schatzekind, heut bin ich widder bsoffe!"

Bloo is mein Leibfarb.

Guck ich durch des Schterngewimmel
  Zwische durch, wann's Nachts is klor,
Kummt mer allemol der Himmel
  Wie mein blooer Frackrock vor,
    Un wie goldene Knöbb die Schtern —
    Ich seh's for mein Lewe geern!

Bloo kann ich vun jeher leide;
  Hot e Mädel keen bloo Aag,
Is ihr Haut aa weiß wie Kreide,
  Is's so schön sunscht wie der Dag, —
    Ich gebb drum keen Pris Duwak,
    's is emol halt nit mein Gschmack!

Roth is aa schön anzusehe,
  Dodarmit hot's wol keen Noth;
Dann in meim Kalenner schtehe
  Alle Feierdäg so roth;
    Wäre's nor so ungefähr
    Sechs bis siwwe Dutzend mehr!

In mein Haus dörf keen Kalenner,
  Wo die Werdäg schwarz drin schtehn;
Nor die Weiwer, nit mir Männer
  Finne so Kalenner schön;
    Sinn se roth und bloo gedruckt,
    Wie vergnügt mar do neinguckt!

Roth die Sunndäg, bloo die Mondäg,
  Dinschtag, Mittwoch — alles bloo,

Do sitzt uffem Kopp der Hut schräg,
Un mar werd seins Lewens froh,
Kricht keen Schrunne in die Händ,
Un die Woch geht leicht zu End.

Eens nor will mer gar nig gfalle, —
Aa mein Nas werd anfangs bloo,
Roth die Hümmel, bloo die Dalle, —
Sag nor Eens, wie kummt des so?
Ich weeß werrlich nit! — ich glaab,
Mein Kalenner färwe ab.

Ausgewiche!

„Verzeihe Se, Mamsell,
„Ich habb gemeent, Sie wär'n e Güderwage!"
Des haww ich selwer noch mich höre sage,
Wie ich die Bauß mer gschtoße habb im Brand
An meiner Schtern, und habb verschtaucht mein Hand;
„Verzeihe Se, Mamsell,
„Ich habb gemeent, Sie wär'n e Güderwage!"

's war Vollmondschein un hell;
Ich weeß noch Alles, awwer bschtimmt zu sage,
An was ich angerennt bin, — an en Wage,
En Güderwage mit 're weiße Plaa,
Odd'r an e Mamsellche, odder an e Fraa —
Wer kann des dumme Mann
Wie ich verlange, so was bschtimmt zu sage?

Wann's e weiblich Wese war,
Do müßt ich mich im Dagblatt excusire;
Dann schicklich wärs gewest, sie heemzuführe,
For des, daß ich se uf der Schtroß so grob
Habb ãgerennt, mit meiner Hitz im Kopp.
　　　Der Guckuk muß im Rausch
Halt jedes Mol aa was in Weg eem führe!

　　　Wann's aww'r e Fuhrwerk war? —
Do dhät ich heut noch ohne weiders klage;
Dann Volle muß jo aach e Güderwage
Uf jeder Schtroß nöch aldem Recht un Gsetz,
Vorab bei Nachtzeit, weiche — sunscht wärs letz!
　　　Ja, ich bedank mich schöñ,
Do könnt der Dunner in die Räusch neiischlage!

　　　E Kabidals=Mamsell
Müßt's freilich wol gewest seiñ! — Zwor, Mamselle,
Wann zwee minanner plaudere, do schtelle
Se worzelfescht sich hiñ als uf die Schtroß,
Un weiche nit, un wär der Deiwel los.
　　　Der Deiwel hol se all,
Die Güderwäge un die plaudrige Mamselle!

────

Der Rock hots uf sich.

Der blooe Rock, der lumbig blooe Rock —
Wann ich den ãhabb, schtutzt mich halt der Bock!
　　Un in der ganze Schtadt is's schun bekannt,
　　Haww ich den Rock am Leib, do gibt's en Brand.

Ich habb's prowirt, un war meim Vorsatz treu,
Bin schtandhaft an de Kneipe all varbei,
   Un habb zufriede zu mir selwer gsacht:
   „Heut hoscht dem Rock doch nit be Narr gemacht!"

's hot mich gezoge orntlich in die „Sunn";
  „Neeñ, haww ich gsacht, ich dhu der nit die Gunn!"
   Ich habb's gezwunge, bin varbei als Mann,
   War innerlich vergnügt, daß ich's doch kann.

„Neeñ, sag ich, so seim Vorsatz treu zu seiñ,
  „So was verdient e gude Schobbe Weiñ!"
   Ich bin zurück un neiñ; — ja da war's aus,
   Der blooe Rock war widder Herr vum Haus.

Ich plog mich simwe ganze Johr' schun mit. —
Viel besser freilich war meiñ brauner nit,
   Un aa der grüñ, — un gar der helle Flaus,
   Der wär alleeñ als schier ins Schobbehaus.

Sagt ihr mer was 'r wollt, ihr Schneiderböck,
's is keeñ ganz richdig Ding mit meine Röck;
   Doch was's juscht is, — die Farb, der Schnitt,
   Die Woll, der Nähz, die Knöpp — ich weeß es nit.

Wann ich gar mehr als een uf eeñmol hätt,
Ich glaab, do käm ich nimmer in meiñ Bett,
   Wann eener eem schun so am Bändel hot!
   Drum halt ich's mit dem Wort: een Rock, een Gott.

Der piffige Maurermeeschter.

Schpritz mich, Büwele, schpritz mich doch,
  Büwele, dhu mich schpritze;
Schpritz mein Rock voll Lehm und Schpeiß,
Schmier mit Kalk meiñ Schtiffel weiß;
Schpritz mich, Büwele, schpritz mich doch,
  Büwele, dhu mich schpritze!

Schpritz mich, Büwele, schpritz mich doch,
  Büwele, dhu mich schpritze;
Schpritz mich voll mit Kalk un Lehm,
Als oww ich vum Schaffe käm;
Schpritz mich, Büwele, schpritz mich doch,
  Büwele, dhu mich schpritze!

Schpritz mich, Büwele, schpritz mich doch,
  Büwele, dhu mich schpritze;
Schpritz mich, sunscht gibts Zank un Schtreit
Mit meim Brummregischter heut.
Schpritz mich, Büwele, schpritz mich doch,
  Büwele, dhu mich schpritze!

Schpritz mich, Büwele, schpritz mich doch,
  Büwele, dhu mich schpritze!
„Weib! was maulscht du mir vum Weiß?
„Könnt ich do so vollgschpritzt seiñ?"
Schpritz mich, Büwele, schpritz mich doch,
  Büwele, dhu mich schpritze!

Schpritz mich, Büwele, schpritz mich doch,
  Büwele, dhu mich schpritze!

14*

„Sin dann nit vun Kalk un Schpeiß
„Hose, Rock un Schtiffel weiß?"
Schpritz mich, Büwele, schpritz mich doch,
 Büwele, dhu mich schpritze.

Schpritz mich, Büwele, schpritz mich doch,
 Büwele, dhu mich schpritze!
„Käm ich vun der Werthshausbank,
„Wäre doch mein Schtiffel blank!"
Schpritz mich, Büwele, schpritz mich doch,
 Büwele, dhu mich schpritze!

Schpritz mich, Büwele, schpritz mich doch,
 Büwele, dhu mich schpritze!
Schpritz mich, sunscht sin bei meim Dos
Zehedausend Deifel los!
Schpritz mich, Büwele, schpritz mich doch,
 Büwele, dhu mich schpritze!

Schpritz mich, Büwele, schpritz mich doch,
 Büwele, dhu mich schpritze!
„Guck, du Drach, wie ich mich schinn,
„Wie ich so voll Schpritzer bin!"
Schpritz mich, Büwele, schpritz mich doch,
 Büwele, dhu mich schpritze!

Schpritz mich, Büwele, schpritz mich doch,
 Büwele, dhu mich schpritze!
Ruh un Friede is im Haus,
Seh ich nor recht vollgschpritzt aus,
Drum, mein Büwele, schpritz mich doch,
 Büwele, dhu mich schpritze!

Der alde Zidderer.

Als kleener Bu,
Ich bin e Johr kaum uf der Schulbank giesse,
Haww ich vor langer Weil mein Gsangbuch gfresse;
    Do hot en albi Fraa mer prophezeit:
    „Der Bu werd bei der Kerch was mit der Zeit."

    E Parre? — neeñ!
Un doch werd's wohr in meine albe Dage,
Dann ich muß jetz de Klingelbeudel trage.
    Wann ich en nor mit meine Zidder-Händ
    De Leut nit uf die Nase schtoß am End!

    's muß Alles halt
Gelernt seiñ! so aa 's Klingelbeudelführe.
Seit geschtern dhu ich mich druf exercire,
    Im Kronewerth seim Schtall, im Judergang
    Mit 's Nochbars Birebrecher schtundelang.

    Ich schtell mer vor,
Die Küh — es schtehne ihrer zwölfe hüwwe,
Un elfe un e Farrenummel drüwwe —
    Des wäre Leut in ihre Kercheschtühl;
    An denne lern ich's wie e Kinnerschpiel.

    Sie schtehne all
Gemüthlich do un keeni dhut sich mucke,
Wann ich mim Birebrecher kumm; sie gucke
    Verwunnert hinner ihre Kribbe vor
    Mich añ, „wie e Kuh e neues Scheuerdhor."

Der Mummelochs,
Der ganz alleeſn hot's üwwel ufgenumme,
Wie ich zum zwebb= un bridde Mol bin kumme,
 Un dobt un mächt e förchterlich Gebrüll,
 Wie e growwer Schuldner, wo nit zahle will.

 „Noſn, noſn", ſag ich,
„Du närrſcher Kerl! ich dhu's jo nor prowire!
„Do braucht mar keen ſo Lärme zu verführe;
 „Wamm mar niy gibt, do ſchübbelt mar be Kobb
 Un is nig glei ſo bauremäßig grobb!"

 Des laut Gebrüll
Is mir doch ſo in all meiſn Glieder gſchlage,
Daß ich die Schtang habb nimmer könne trage;
 Ich bin nabürlich glei in's Werthshaus neiſn
 Un trink for's Zibbere en Schobbe Weiſn.

 Ich habb vum Weiſn
Meiſn Zibbre kricht, der Weiſn ſoll's aa vertreiwe!
Beim Weiſn, beim Weiſn will ich meiſn Lebbdag bleiwe;
 Un eh ich in meiſn neues Amt tret eiſn,
 Schtärk ich de Sunndag erſcht mich noch mit Weiſn.

 Wie leicht könnt's ſeiſn,
Daß in der Kerch drin albe Geizhäls ſchnorre,
Wann ich mim Klingelbeubel kumm, un knorre,
 Un nüchbern fiel die Schtang mer aus be Hänb! —
 Neeſn! ich trink Weiſn bis an meiſn ſelig Enb!

Männche, geh un danz recht büchdig!

Heut bin ich ufgetrede schun als Mann;
 Ich hätt gewunsche, alli Welt könnt's höre;
E Gsicht haww ich gemacht wie e Thrann,
 Un gsacht: „Sie könne sich zum Deifel schere, —
„Ja, wisse Se des, sag ich, Herr Baron?
„Is des for unser Freundschaft jetz der Lohn,
 „Daß ich so manchi schöni Owendschtund
 „Schpaziere gange bin mit Ihrem Hund?

„Mein Fraa hot um des Dhier was oft gegreint,
 „Daß's ewig an der Kett hot solle liche,
„Un hot mich fortgschickt mit, als Menschefreund, —
 „Jetz solle mir den Dank dofor noch kriche?
„Umschtänd mach ich mit Ihne nimmer viel!
„Sie ziechen aus meim Haus — uf 's nächschte Ziel!
 „Was schtöre Sie mein Fraa im beschte Schlof?
 „Fui! schäme Sie sich, als Gawlier bei Hof!

„Haww ich nit vormjohr for mein schönes Geld
 „Nor wege Ihne Poschthornschtund genumme, —
„Uf unserm Schpeicher, — bei der große Kält?
 „Is nit vun acht bis neun der Poschtknecht kumme
„Un hot zum Maskezug mich vorbereitt,
 „Un ich hab blose müsse, wie nig gscheidt?
 „Mein Fraa hot selbscht als noch mich nuffschpedirt
 „Un gsacht: „schtör unsern Herrn nit, — er schtudirt!“

„Was dhun Sie jetz am drei noch aus 'm Bett,
 „Un schleiche rum an Annerleut ihr Dhüre?

„Wann dovuñ Ihr Herr Babber Nochricht hätt,
  „Sie wüschter junger Mensch! — heeßt des schtudire?
„Der vollschte Bauer finb bei Nacht seiñ Dhür;
  „Was denke Sie? — 's muß Ordnung seiñ bei mir! —
    „Des wisse Sie doch als Schtudent gewiß,
    „Daß so etwas ganz unañschtänbig is!" — — —

's war geschtern Owend unser erschter Bahl,
  Un ich war ewe drañ, mich añzuzieche;
Dann wann ich unner Allem habb die Wahl,
  Do is halt 's Danze doch meiñ Hauptvergnüge.
Uf eeñmol sächt meiñ Fraa: „ich geh nit mit,
  „Pankraz, geh du alleeñ, genir dich nit,
    „Du bischt der Mann vum Haus; ich bin nit wohl,
    „Fahr du nor hiñ, — ich kann nig gut des Mol."

Ich haww erscht nig gewollt, alleeñ meiñ Fraa
  Sächt: „Männche! geh du hiñ un banz recht büchdig,
„'s is niç Bedeudends bei mer! — Fehlscht du aa,
  „Do sächt die halb Schtabt: ich wär eifersüchbig
„Un du däscht unner meim Pandoffel schtehñ, —
  „Du — als der Mann vum Haus! gell, des wär
                                          schöñ? —
    „Du muscht! du bischt jo mit der Frabbas Fränz
    „Un middem Bäsche engagirt uf all ihr Dänz!"

Ich denk: in Goddes Name dann! un geh,
  Un habb mich werklich recht gut unnerhalde, —
Habb Schellfisch gesse, Schwarzwild in Gelee,
  Un owwedruf e Gläsel gude Albe, —

Die Frabbas hot verzählt vun ihre Mähd,
Daß gege Faßnacht hiñ ihr Ammegreth
 En Schneider heirath, — un so Allerlee;
 Un eh ich mich verguckt habb, war's ball zwee.

Un wie ich heem kumm, Morgens gege drei,
 Dhu kaum de Schlüssel in die Hausbhür schtecke,
Hör ich die Schteege nuf was rumble glei, —
 Meiñ Fraa dhut mir die Äärm entgegeschtrecke
Un war vergeeschtert — wie e Marmorbild,
Die Haub schebb; un vor Zorn un Hitz ganz wild,
 Un hot gezibbert, un war feuerroth,
 Un hot getrische: „Pankraz, — schtech en dodt!"

„Pankraz, geh nuf un schtech en dodt, den Hund!" —
 Ach Gott, sag ich, meiñ Kind, was is dann gschehe?
In Thräne wie gebadt! sag nor de Grund!
 „Ach, sächt se, Alles dhut sich mit mer drehe!
„Bischt du e Mann? hälscht du was uf deiñ Ehr?
„Ach Gott, wann ich nor gestern gschtorwe wär!
 „Mir so was zuzumudhe — in der Nacht!
 „Wärscht du e Mann, er wär schun dodtgemacht!"

„Ich mag der's gar nit sage, was er mir
 „Zumuthe als durchs Schlüsselloch hot wolle;
„Ich war ganz welsch un werr, un ruf als dir,
 „Schtatt daß ich „„Feuerjoh"" hätt rufe solle;
„Geh nuf un schtech en dodt, ich trag der's Licht!" — —
Ja — sag ich — wann er awwer mich erschticht?
 Odd'r wann seiñ Hund, der Hannibal, mich beißt?
 Odd'r wann er mich die Schteege runnerschmeißt?

„Ach", sächt se, „freilich, wann mar des bedenkt! —
　„Neeſt, ſchpar dich uf als Babber for meiñ Kinner;
„Wer henke ſoll, werd ſchun bun ſelwer ghenkt, —
　„Bleib do, Pankraz, leg dich ins Bett, ganz hinner,
„Du dörfſcht mer jetz nit nuf in deiner Wuth,
„Dann kämt ihr zſamme, do gäbs Menſcheblut;
　„Gerechder Himmel! dem ſeiñ Hannibal
　„Könnt dich zum Krübbel beiße, Knall un Fall!"

Ich hab zwor gſacht: loß mich nor nuf, meiñ Kind,
　Der ſoll mich nit for’n Hannebambel halde!
„Neeſt", ſächt ſe, „neeſt! im Zorn biſcht du ganz blind,
　„Du kannſcht deiñ Männlichkeit bei Dag entfalde!
„Herr Jerum! ’s werd mer bang ſchun dann und wann,
„Wie du do ſchtehſt werrſcht vorrem als meiñ Mann! —
　„Vergeß’s nor jo nit, ſag’s em dick un dünn,
　„Was des for Unañſchtändigkeide ſin!"

Heut Morgens in der Früh, Schlag halwer acht,
　War ich ſchun ganz raſirt un añgezoge,
Un habb mich in mein dribbe Schtock gemacht,
　Un in ſeiñ Zimmer — ohne lang zu froge.
Was hot der Menſch ſeiñ Fett jetz bun mer kricht
Un hiñgenumme mimme Aarmeſündergſicht!
　Do is er gſchtanne vor mer, wie verleimt,
　So haww ich dem Baron die Lewwer gſchleimt.

Un wie ich ferdig war, is erſcht meiñ Fraa
　Noch ſelwer nuf un hobben vorgenumme;
Der hot bun uns ſeiñ Promemoria
　Un werd ſo ball nit wibber gſchliche kumme.

„Sie schteifer Junker", hot se zu em gsacht,
„Sie haww ich kenne lerne jetz heut Nacht!
„'s is all! Sie müsse fort; 's is Alles all!
„Sie zieche aus — zsammt ihrem Hannibal!"

De fiwwe Bäcker ihr Hasejagd.

(Mel. Ein Jäger aus Kurpfalz.)

Mir Bäcker aus Kurpalz,
Mir Bäcker knalle froh un frisch,
Uf Hersch, un Reh un Küh,
Uf Bääm un Heckebüsch,
    Ju ja ju!
Wann unser Blei verschosse is,
Un 's Bulverhorn is leer,
    Dann knalle mir nimmehr.
Chor: Ju ja ju 2c.

Hallih, hallih, halloh!
Heut gehn mer uf die Hasejagd,
Heut schieße mer keen Kuh,
E Has werd dodt gemacht.
    Ju ja ju!
Wann unser Blei verschosse is,
Un 's Bulverhorn is leer,
    Dann schieße mir nimmehr.
Chor: Ju ja ju 2c.

Im Feld, im grüne Klee,
Do schtreckt e Has sein Löffel raus,

Un hält sein Middagsschlof —
O Has! mit dir is's aus!
   Ju ja ju!
Jetz lad e Jeder gschwind sein Flint
Mit Bulver un mit Schrot,
   Un schießt des Häsel dodt!
Chor: Ju ja ju rc.

   Biff, baff, biff baff, bum, bum!
Der Sinnwet knallt noch hinnedrein,
Der Schrecke schlächt dem Has
In alle Glieder nein.
   Ju ja ju!
Mir Bäcker laafe wie der Wind,
Er schterbt nit vun de Schrot,
   Mir tramblenen zu dodt.
Chor: Ju ja ju rc.

   Bischt du jetz glei verreckt,
Getrambelt in de Bode nein,
So muscht du Ludersvieh
Doch aa noch gschosse sein!
   Ju ja ju!
Biff, baff! wie fährt sein Schwänzel ab
Un schlägt der Dunner nein,
   E Has muß gschosse sein!
Chor: Ju ja ju rc.

   Geknallt muß's bei uns sein,
Un sollt der Deiw'l uf Schtelze gehn

Biff, baff, biff, baff, bum, bum,
Wie is doch 's Knalle schön!
Ju ja ju!
Wann unser Blei verschosse is,
Un 's Bulverhorn is leer,
Dann knalle mir nimmehr!
Chor: Ju ja ju 2c.

~~~~~~

Musikantelewe.

Durch die Schtädt un Dörfer in de weide deutsche Gaue
Ziecht, die Geig im Aarm, der Musigand;
Kann er nergends aa sich fescht sein Hüttche baue,
Is doch ümweraal sein Vadderland.

Un der Fiddelboge un die Ghiegelghiegelgeige
Sin sein Brief un Baß durch alli Welt;
Fangt 'r e Liedel odder 'n Ländler an zu schtreiche,
Kricht 'r en Trunk, e fröhlich Gsicht un Geld.

Is e Baurehochzich, loßt mar Wickelkinner daafe,
Muß die Geig 'rbei un Horn un Baß;
Wann de Wein die Werthsleut uf die Kerwe kaafe,
Fährt e Rothnas mit uf jedem Faß.

Un is Krieg im Land, do leg ich wegg mein Fiddelboge,
Bin Trumbeder bei 'me Regiment;
Pallasch, Helm un Küraß werre angezoge,
Gsang un Kerwedanz hot do en End.

Grüß die Mädle, Kamerad, im Bayerland, in Franke,
　　Die im Schwoweland un die am Rhein,
Sag, ich dhät se küsse all noch in Gedanke,
　　Doch ihr Schpielmann könnt ich nimmer-sein.

Wo die Kuchle peife un de Baß Kanone brumme,
　　Do is hoch zu Roß aa die Trumbed,
Dann der Dodt muß eemol doch an uns jo kumme,
　　Wen er früh nit will, den holt 'r schpät.

Saust e Säwelhibb druf nein un haut mein Leib in Fetze,
　　's is jo Platz zum Schterwe allerwärts! —
Loßt mer 'n Schtech uf 's Grab, un druf die Inschrift setze:
　　„O! do drunne licht e fröhlich Herz!"

⁓⁓⁓⁓⁓⁓

Das Gucklasten=Lied vom großen Hecker.
(Nach bekannter Melodie zu singen.)

Seht, da steht der große Hecker,
　　Eine Feder auf dem Hut,
Seht, da steht der Volkserwecker,
　　Lechzend nach Tyrannenblut!
Wasserstiefeln, dicke Sohlen,
Säbel trägt er und Pistolen,
　　Und zum Peter sagte er:
　　„Peter, sei du Statthalter!"

„Peter", sprach er, „du regiere
　　„Constanz und den Bodensee,
„Ich zieh' aus und commandire
　　„Unsre tapfere Armee;

„Mit Polacken und Franzosen
„Wird der Herwegh zu mir stoßen,
  „Und der stirbt lebendig eh'r,
  „Als daß er ein Hundsfott wär'."

Pfläfterer und Schieferdecker,
  Alles, niedrig und hoch,
Alles jauchzte unserm Hecker,
  Als er aus zum Kampfe zog.
Handwerksburschen, Literaten,
Schneider, Bauern, Advokaten,
  Alles folgte rasch dem Zug,
  Als er seine Trommel schlug.

Rumbidibum, so hört' man's schlagen,
  Rumbidibum, Dumdumdumbum;
Und bei Straf' ließ Weißhaar sagen
  Rings im ganzen Land herum:
„Thut euch schnell zusammenraffen,
„Gebt mir Mannschaft, Pferde, Waffen,
  „Oder ich bring Alles um."
  Rumbidibum, Dumdumdumbum.

Un die reizende Frau Struwwel
  Warb mit ihrem Flammenblick
Tausend Mann in diesem Trouble
  Für die deutsche Republik.
Gelder fand man in den Kaffen,
Die man sich that öffnen lassen;
  Wein bracht' man aus jedem Haus
  Für die Republik heraus.

Durch die Baar that man jetzt wandern,
    Und hernach in's Wiesenthal,
Und daselbst stieß man bei Kandern
    Auf Soldaten ohne Zahl.
Edler Gagern, wackre Hessen,
Wollt ihr euch mit Hecker messen?
    Gagern, du kommst nicht zurück —
    Vivat hoch die Republik!

Gagern wollt' parlamentiren,
    Doch das ist nicht Hecker's Art;
„Ich", sprach er „soll retiriren,
    „Ich mit meinem rothen Bart!?" —
Ach! nun hört man Schüsse knallen,
General Gagern sah man fallen —
    Und der tapf're Hinkeldey
    Saß zu Pferde auch dabei.

Hecker wollt' nicht länger bleiben,
    „Rechtsum kehrt euch", donnert er;
Und zur Eile ließ er treiben,
    Denn es stürmte gar zu sehr.
Die Musik ließ er erklingen,
Und sein Corps fing an zu singen:
    „Hecker ist ein großer Mann,
    „Der für Freiheit sterben kann."

Und als dieses vorgefallen,
    Fing man leider auf dem Rhein,
Zur Bekümmerniß uns Allen,
    Unsern edeln Struwwel ein.

Man that ihn in Eisen legen,
Aber von des Heckers wegen
　　Ließ der Oberamtmann Schey
　　Den Gesang'nen wieder frei.

Kaiser, Weißhaar, Struwwel, Peter,
　　Alle trieb man allbereits
Gleichsam als wie Uebelthäter
　　In die schöne freie Schweiz.
Doch der Peter, der kam wieder,
Legt die Statthalterschaft nieder;
　　„Denn", sprach er, „ich werde alt,
　　„Und verlier' sonst mein' Gehalt."

Hecker, sag, wo bist du, Hecker?
　　Legst die Hände in den Schooß?
Auf nun, du Tyrannenschrecker,
　　Jetzt geht es auf Freiburg los.
Badner, Hessen und Nassauer
Stehen dorten auf der Lauer.
　　Doch wir kommen schon hinein,
　　Denn neutral will Freiburg sein.

All die schönen Stadtkanonen,
　　Großer Hecker, sie sind dein;
Und man ladet blaue Bohnen
　　Nebst Kartätschen schnell hinein.
Langsdorf will recognosciren,
Läßt sich auf den Münster führen,
　　Und guckt durch ein Perspektiv,
　　Ob es gut geht oder schief.

Oben her vom Günthersthale,
  Hinter Wald und Hecken vor,
Kam im Sturm mit einem Male
  Siegel's wildes, tapfres Corps.
Aber unsre Hessenschützen
Ließen ihre Büchsen blitzen,
  Und das Corps zog sich zurück —
  Aus war's mit der Republik!

Denn hinein zu allen Thoren
  Stürmte jetzt das Militär,
Und die Freischaar war verloren
  Trotz der tapfern Gegenwehr.
Alle, die sich blicken ließen,
That das Militär erschießen;
  Alle Führer gingen durch,
  Und erobert war Freiburg.

Hecker stampfte auf den Boden,
  Da ihm, als dem Commandeur,
Reitende expresse Boten
  Brachten diese Schreckensmähr;
„Wo sind“, rief er, „die Reserven?
„Laßt sie ihre Sensen schärfen!“ —
  Sprach's, und blus in vollem Zorn
  In sein großes Messinghorn.

Und nun kamen Herwegh's Schaaren,
  Er und seine Frau kam nach,
Kamen in der Chais' gefahren,
  Auf dem Weg nach Dossenbach.

Doch zu ihrem großen Aerger
Sah man dort die Würtemberger;
    Hauptmann Lipp, der grobe Schwab,
    Kam von einem Berg herab.

Hecker's Geist und Schimmelpfennig
    Machten da den Schwaben warm.
Herwegh sah's, er fuhr einspännig,
    Und es fuhr ihm in den Darm.
Unter seinem Spritzenleder
Forcht' er sich vor'm Donnerwetter;
    Heiß fiel es dem Herwegh bei,
    Daß der Hinweg besser sei.

„Ach Madamchen", that er sagen,
    „Aus ist's mit der Republik!
„Soll ich Narr mein Leben wagen?
    „Nein! für jetzt nur schnell zurück!
„Laß für meinen Kopf uns sorgen,
„Komm' ich heut nicht, komm' ich morgen;
    „Ach, wie kneipt's mich in dem Leib,
    „Wende um, mein liebes Weib!"

Und Madam hieß ihn verkriechen
    Sich in ihren treuen Schooß,
Denn er konnt' kein Pulver riechen,
    Und es ging erschrecklich los.
Schimmelpfennig ward erstochen,
Manche Sense ward zerbrochen,
    Und erschossen mancher Mann,
    Die ich nicht all nennen kann.

Hecker ging jetzt in die Fremde
    Und empfand den tiefsten Schmerz;
Denn in seinem Blousenhemde
    Schlägt ein großes deutsches Herz.
Mußt' er diesmal auch entspringen,
Wird man dennoch von ihm singen:
    „Hecker ist ein großer Mann,
    „Der für Freiheit sterben kann."

Aber 's hat so kommen müssen,
    Denn Jesaja, der Prophet,
Hat schon darauf hingewiesen,
    Weil allda geschrieben steht:
„Disteln tragen eure Aecker —
Jed' Kameel hat seinen Höcker";
    Folgt mithin aus dieser Red',
    Daß es durcheinander geht.

Also ist's in Baden gangen;
    Was nicht fiel und nicht entfloh,
Ward vom Militär gefangen,
    Kam nach Bruchsal auf das Stroh. —
Ich, ein Spielmann bei den Hessen,
Der kann Baden nicht vergessen,
    Der den Feldzug mitgemacht,
    Habe dieses Lied erdacht.

Hecker der Große in Straßburg*).

Sporen rasseln — und der Hecker
Steht leibhaftig vor uns da!
Hat verlassen Haus und Aecker
Drinnen in Amerika;
Denn er ist ein großer Mann,
Der für Freiheit sterben kann.

's ward ihm dort die Zeit so lange,
Denn nur zahme Papagei'n
Pflegten ihm von ihrer Stange
Ohne Seele vorzuschrei'n:
Hecker ist ein großer Mann,
Der für Freiheit sterben kann.

Oft mit stiller Wehmuth nahm er
Seinen Säbel von der Wand,
Und focht — bis zum Schweiße kam er —
Blindlings für sein Vaterland;
Denn er ist ein großer Mann,
Der für Freiheit sterben kann.

---

*) Aus einer vom Verfasser begonnenen Sammlung
mit der Ueberschrift: „Bilder aus dem Krach=Gutedel=
Kriege". Krach=Gutedel ist bekanntlich eine feine Trauben=
sorte, deren Namen hier mit dem damaligen politischen „Krach"
in Verbindung gebracht ist.

Oft auf einem Futtertroge,
Nur von Kühen angestaunt,
Hielt er kräft'ge Monologe,
War er rednerisch gelaunt;
Ach! wie manches Flammenwort
Flog da unvernommen fort!

Endlich rief's mit Donnertosen:
„Hecker komm, jetzt geht es dran,
„Ziehe deine Kriegerhosen,
„Deine großen Stiefeln an,
„Und stülp' deinen Federhut
„Auf dein Haupt voll Löwenmuth"!

„Deutschland, rief es, ist erglommen,
„Und die rothe Fahne fliegt;
„Hecker, komm zu uns geschwommen,
„Daß die gute Sache siegt;
„Denn du bist ein großer Mann,
„Der für Freiheit sterben kann!"

Pauken und Trompeten klangen,
Als sein Schiff das Land verließ,
Und selbst die Delphine sangen
Aus der See herauf so süß:
Hecker ist ein großer Mann,
Der für Freiheit sterben kann.

Alle Postillione bliesen,
Als er nach Europa kam

Und mit Sporen an den Füßen
Extrapost nach Straßburg nahm:
„Hecker ist ein großer Mann,
„Der für Freiheit sterben kann!"

Legionen Käfer summten
Ihm vertraulich in das Ohr,
Und die Münsterglocken brummten
Feierlich das Lied ihm vor:
„Hecker ist ein großer Mann,
„Der für Freiheit sterben kann."

Aber wie's auf dieser Erde
Eben schlimm und traurig geht —
Hecker mit dem guten Schwerdte
Kam zum „großen Krach" zu spät,
Und die „gute Sache" war
Ach! schon fertig ganz und gar!

Als er hörte, daß die Preußen
Drüben seien schon in Kehl,
Wollt' sein Seelenfaden reißen,
Er ward weiß vor Zorn wie Mehl; —
Denn er ist ein großer Mann,
Der für Freiheit sterben kann.

Doch selbst diese Söldnerschaaren
Schwärmten heimlich schon für ihn,
Denn als sie ihn sichtig waren,
Haben sie ihm zugeschrie'n:

Seht da steht der große Mann,
Der für Freiheit sterben kann.

Hecker stand zwei Stunden lange
Schnurrbartstreichelnd an der Brück',
Hörte wie von ihm sie sangen,
Unterstützt von Blechmusik:
Seht, da steht der große Mann,
Der für Freiheit sterben kann.

Darauf ließ er sich drei Tage
Noch in einem Wirthshaus seh'n,
Packte dann, bestieg den Wagen,
Um nun wieder heim zu geh'n
Als ein großer deutscher Mann,
Der für Freiheit sterben kann.

Aus dem Krach-Gutedel-Kriege
Bringt der Spielmann Johann Schmitt
Euch jetzt nach erfochtnem Siege
Diese neuen Lieder mit,
Da er nicht als großer Mann
Für die Freiheit sterben kann.

Ein schönes neues Lied von dem weltberühmten Strumwel=Putsch.

Wälzen möcht' ich mich vor Trauer
   Und zerraufen meinen Bart,
Weil das Schicksal mir die schauer=
   liche Mähr noch aufgespart.
Ach! ich kann ja gar nicht weinen,
   Todtenbleich muß ich erscheinen,
Meine kalte Stirne schwitzt, —
   Denn der Herr von Strumwel — sitzt.

Ach! wohl hat er schon gesessen
   Zu Säckingen in dem Loch,
Brod und Wasser nur gegessen,
   Wieder frei ward er jedoch;
Freiheit, Wurzeln, wie auch Kräuter,
   Er begehret auch nichts weiter,
Lebt als Turner frei und frisch,
   Und ißt weder Fleisch noch Fisch.

Und als offen ward sein Zwinger,
   Floh er in den Ellensaß
Un schrieb krumm sich alle Finger,
   Bodenleer manch Tintenfaß;
Und bewies mit vielen Gründen,
   Heil und Glück könnt' er nur finden
In der rothen Republik;
   Das bewies er Stück für Stück.

Schrieb's und zog voll Glut und Eifer
　　Seinen Damascener raus
Und rief einen Scheerenschleifer
　　Sammt dem Karren in das Haus;
Er that selbst am Rade drehen,
　　Rrrr that der Schleifstein gehen,
Bis der Sarras ganz und gar
　　Scharf wie ein Scheermesser war.

Orgeln tönen ohne Rasten
　　Bertrand's Abschied, Polens Noth;
Putschinell in seinem Kasten,
　　Schlägt mit Prügeln Alles todt;
Hunde tanzen, Affen springen,
　　Harfendamen hört man singen,
Und aus Böllern Krach auf Krach,
　　Denn 's ist Jahrmarkt in Lörrach.

Horch! was schreit mit schrillem Tone
　　Dort aus dem Gemeindehaus?
Schau! wer steht auf dem Balkone
　　Und streckt beide Arme aus?
Einen Säbel in der Rechten,
　　Thut er durch die Lüfte fechten,
Seine Schärp' ist feuerroth,
　　„Freiheit", schreit er, „oder Tod!"

„Freiheit", ruft er abermalen,
　　„Wohlstand, keine Steuern mehr,
„Ihr braucht nichts mehr zu bezahlen,
　　„Drum gebt euer Geld mir her!

„Seht da Hecker's alte Garden,
   „Italiener, Savoyarden,
„Polen und noch Allerlei,
   „Steht mir heute treulich bei!"

Alle Harfendamen schwiegen,
   Alle Orgeln standen still;
Putschinell muß sich verkriechen,
   Weil kein Mensch ihn hören will.
Alles lauscht mit neuem Jubel
   Auf den Mund von Frau v. Struwwel,
Die im schwarzen Atlaskleid
   Auf den Balkon tritt und schreit:

„Hört, ihr Jungfern und ihr Frauen,
   „Ihr dürft auch nicht müßig sein;
„Geht an's Barrikadenbauen,
   „Macht Patronen drauf und drein!
„Helfet uns die Freiheit retten,
   „Bringt mir Hemden und Servietten!
„Ich verschmähe so was nie,
   „Das gibt treffliche Charpie."

Damit war Madam zu Ende.
   Er rief: „Ist kein Peter da?"
Sieh, nun reckt man die Hände,
   Hundert Stimmen schreien „ja!"
„Ich, auch ich, — und ich, — rief Jeder,
   „Kann statthaltern grad wie Peter."
Also griff er blind hinein
   Und setzt die Regierung ein.

Und man baute Barrikaden,
 Holte Schuhe, Hemden, Geld,
Wurst, Patronen, Carbonaden,
 Alles wurde rasch bestellt.
Lörrach's große freie Geister
 Packten Amt und Bürgermeister,
Struwwel packt die Kassen ein
 Und ließ Lörrach — Lörrach sein.

Denn er eilte hin gen Staufen,
 Weilt in Müllheim eine Stund';
Blankenhorn mußt' sich erkaufen,
 Tausend Gulden zahlen rund,
Mußt', als theures Angedenken,
 Ihr auch seinen Wagen schenken,
Und vier Pferde obendrein,
 Und sie dankte und stieg ein.

Vorwärts geht es, immer weiter,
 Alles muß im Sturm herbei,
Wein und Waffen, Roß und Reiter,
 Kisten, Kasten, Geld wie Heu.
Feuerzeichen, Sturmgeläute,
 Freies Leben, Lust und Freude;
Und wenn die Begeist'rung glüht,
 Singt man Schiller's Räuberlied.

Rumbumbum, die Trommeln gehen,
 Und in Staufen zieht man ein.
Züge, kaum zu übersehen,
 Zehentausend mögen's sein!

Um den Hals die goldne Kette,
  Vor den Augen die Lorgnette,
Liegt, zur angenehmen Schau
  Breit im Wagen Struwwel's Frau.

Hinterm Wagen her da kamen
  Gen'ral Löwenfels und Blind,
Siegel, und wie all die Namen
  Dieser tapfren Struwwler sind.
Struwwel eilte, um die Kassen
  Für die Freiheit abzufassen,
Aber eh er sich's versah,
  Waren schon die Badner da.

General Hoffmann, der „verthierte",
  Der „entmenschte" General,
Der griff an und kanonirte
  Wie ein wahrer Kannibal.
Struwwel rief: „Mein Schatz, aus Staufen
  „Woll'n wir im Galopp jetzt laufen;
„Der könnt' so barbarisch sein,
  „Schöss' uns heut noch kurz und klein."

Von den Barrikaden schossen
  Alle Struwwler scharf hinaus,
Aber die Haubitzen gossen
  Ströme von Kartätschen aus.
Rauch erhebt sich, Häuser brennen,
  Struwwler fallen, andre rennen,
Und vor Allen Er und Sie,
  Oft im Dreck bis an die Knie.

Aus war's mit den Barrikaden,
    Alle riß und schoß man ein,
Und die stürmenden Soldaten
    Drangen in die Stadt hinein.
Frau v. Struwwel's Hut und Mantel
    Fanden sie in einem Kandel (Rinne),
Und ein Söldling war so frech,
    Riß das schöne Futter weg;

Denn der große Herwegh könnte, —
    Das bild't sich der Esel ein —
Unser Herwegh könnt' am Ende
    Eingenäht dazwischen sein:
Und er sitzt doch warm und trocken;
    Aber Struwwel ließ sich locken,
Ging dem Oberamtmann Schey
    Jetzt zum zweiten Mal in's Gäu.

Hart und schwer durch Wald und Felder
    Schleppt die rothe Republik
Ihre Wintervorrathsgelder
    Nach der schönen Schweiz zurück;
Ach, wie mühsam und wie sauer
    Ward's dem Struwwel, Betz und Bauer,
Und dem Dusar und dem Blind,
    Und Madam, dem guten Kind!

„Polen ist noch nicht verloren“,
    Sang Madam zwar anfangs noch,
Aber bald hat sie's gefroren,
    Denn ihr Strumpf bekam ein Loch.

Ach, vor Frost that sie erbleichen,
　Ließ mit Schmink' sich roth bestreichen,
Und den Schminktopf nahm nachher
　Amtmann Schey ihr ab in Wehr.

Ja, in Wehr ward sie gefunden,
　Unsre ganze Republik,
Eingefangen und gebunden
　Kam sie von der Grenz' zurück;
Als sie grad sich wollt' erquicken,
　Mußte Bürgerwehr anrücken,
Und der Oberamtmann Schey,
　Auch noch Dieser kam herbei!—

Ach, im Mund war kaum der Löffel,
　Als man sie ergreifen that,
Heiliger Sanct Zitz und Schlöffel,
　Heiliger Sanct Blum schaff' Rath!
Ich muß hier mein Lied beschließen,
　Meine heißen Zähren fließen,
Meine kalte Stirne schwitzt,
　Denn der Herr von Struwwel sitzt!

Ich, der Spielmann bei den Hessen,
　Der das Heckerlied erdacht,
Hab' nicht minder unterdessen
　Diesen Putsch in Reim' gebracht.
Wer dabei nicht war in Lausen,
　Braucht nur dieses Lied zu kaufen,
Dann hat er es schwarz auf weiß,
　So gewißlich als ich heiß'

　　　　　　　Johann Schmitt.

Ein neues schreckliches Lied von dem blutgierigen Zweikampf,

welchen Herr von Sarachaga und Herr von Haber jüngst
unter freiem Himmel abgehalten.

Nach bekannter Melodie mit Moral und Orgelbegleitung eingerichtet und
gedruckt in diesem Jahr.

O höret an die Schreckensthat,
Die sich hat zugetragen;
Da ein Banquier und ein Soldat
Sich im Duell geschlagen.
Sarachaga war ein Baron,
Lag als Soldat in Garnison,
Doch Haber auch war ein Herr Von
Und hat ihn todtgeschossen.

Die Ehre ist ein falsches Gut,
Ich thu' darnach nicht trachten,
Viel tausend lassen d'rob ihr Blut,
Wenn sie einander schlachten.
Sarachaga, warum warst du
Auf Herrn von Haber so jalour,
Daß wegen ihm dein Kam'rad zu
Carlsruh erschossen wurde?

Er schrieb an ihn ein Mordbillet
Und ließ dasselbe drucken,
Ob er auch die Courage hätt,
In ein Pistol zu gucken?

Sarachaga, du täuschest dich,
Der Haber schießt ganz fürchterlich,
Er hat an's Knallen tapfer sich
Grad so wie du gewöhnet.

Sarachaga der hatte zwei
Gezogene Pistolen,
Die ließ er zu dem Kampf herbei
Durch seine Freunde holen;
Er lud sie gut, so wie man muß,
Mit Pulver, Propf und Blei zum Schuß
Und fuhr zu Wagen, nicht zu Fuß,
Hin, wo man schießen wollte.

O! warum bliebst du nicht zu Haus
Bei deinen Kameraden?
Sarachaga, mit dir ist's aus,
Die Kugel thut dir Schaden.
Am Kampfplatz er den Haber fand,
Das Mordgewehr schon in der Hand,
Und neben ihm ein Sekundant
Zur Rechten und zur Linken.

Bedenkt euch, eh ihr euch entschließt,
Es gilt ein Menschenleben;
Denn wo man mit Pistolen schießt,
Kann's großes Unglück geben;
Das Pulver ist ein garstig Kraut,
Und wer da einer Kugel traut,
Der hat auf Spreu und Sand gebaut,
Wie hier Figura zeiget.

Sarachaga schoß in den Wind,
Das that ihn sehr verdrießen,
Denn Herr von Haber war geschwind,
Ihn gänzlich todt zu schießen.
Die Kugel ging durch Rock und West
Und setzte sich im Herzen fest,
Sie hat das Blut heraus gepreßt,
Das bald den Boden färbte.

Sarachaga, noch Morgens roth
Mit seinem schwarzen Barte,
Der lag nun auf der Erde todt,
Wie man alsbald gewahrte.
Der Haber warf sich mit Getös
Zur Flucht in seine eigne Chais
Und war ob seines Sieges bös,
Weil ihn die Unthat 'reute.

Sarachaga, voll Rachbegier
Hast du den Rhein passiret,
Und wirst als todter Cavalier
Nun wieder heimgeführet!
Du siehst nicht mehr, wer um dich ist
Und Thränen über dich vergießt,
Dieweil du todtgeschossen bist
Und wirst nicht mehr lebendig!

Der Haber trat nun vor's Gericht
Und sprach zu den Assisen:
„Ich will ja all mein Lebtag nicht
„Mich mehr mit Menschen schießen!"

Doch das Gericht hielt kurzen Rath
Und sprach: „Für deine Missethat
„Mußt du nun ohne alle Gnad'
„Ein halbes Jahr lang sitzen."

Wohlan, geliebtes Publikum,
Hüt' dich vor'm Hau'n und Stechen!
Denn bringst du Cavaliere um,
Thust du ein schwer Verbrechen.
Darum sei die Historia
Vom Haber und Sarachaga
Dir in Gedanken immer nah,
Vor Blutdurst dich zu warnen.

Und wenn mein Lied dich weinen macht,
So laß die Thränen laufen,
Doch denk' dabei, der es erdacht,
Der will es auch verkaufen.
Drei Kreuzer ist ein Lumpengeld,
Du lernst dafür, wie in der Welt
Es sich mit dem Duell verhält,
Drum zahle einen Batzen!

Zugaben.

Der Pälzer in Cunstanz.

1.

Do bin ich ämol uf Räse
Aach im Schwowwelann gewese;
's iß a traurigs Lewe dort,
Dann mer hört käñ pälzisch Wort.

2.

. Do heww ich mein Weech gehatte
Uewer Dorlach nacher Babbe,
Unn vun do dorch Bühl derdorch —
Glaab ich — nacher Offeborch.

3.

Uewer Schopphäm, üwer Thenge
Bin ich fort geräst uf Enge,
Vall druf, wäß net, wie's geschicht,
Heww ich Cunstanz im Gesicht.

4.

Geh ich aach noch sor maiñ Restel
Geld in des mißrabel Nestel:

'ß iß ä gar kläns Ding ä kläns,
Ich wäß in der Palz so käns.

5.

Wie mich's hot gedörscht anfange,
Bin ich in ä Knaip gegange.
Grad sein drai Kummrabbe naiñ,
Jeder will ä Schöppel Weiñ.

6.

Unn do heww ich mich gesotze
Unn uf d' Bank nañ losse plotze,
Hebb maiñ Sach uf d' Sait gelegt
Unn „ä Mooß, Herr Werth!" gesecht!

7.

Ich hebb alsfort rausgebisse,
Dermit, daß die Viecher wisse,
Ich bin äner aus der Palz —
Bloo unn weiß — ja, Gott erhalt's!

8.

Do henn mer uns eiñgelosse
Un zum Däl gedriwwe Bosse;
Ich hebb alsfort dischgerirt
Un uf Pälzisch gressenirt.

9.

Wie mer so in ämfort redde,
Secht der Aeñ: „mer wolle wedde —

„Ich unn du unn der sein drai —
„Pälzer, send ihr aach derbei?"

10.

Ich saach gleich: „Ae Dunnerwetter,
„Ja do zieh ich aach vum Lebber;
„'s werd jo, main Seel, nor barirt,
„'s werd jo net gebuchelirt."

11.

„Wer kann vun drai Böchel b' Name
„Am geschwinnste saache z'samme,
„Der soll b' Wett gewunne hun,
„Un derf ohne Zech dervun!"

12.

Der Tyroler steht vum Polster
Glaich uf unn kraischt: „Stor, Rob, Olster!"
Unn mir annere schraie z'mol,
Daß der's net gewinne soll.

13.

Wie sie schun hend aagefange,
Nocher bin ich hergegange
Unn hebb glaich gesecht derno,
Sech ich: „Hinkel, Daibche, Po".

14.

Jetz, aß wär die Zung 'em schwer,
Bebbert aach der Schwob doher

Unn kraischt: „Baisle, Maisle, Fenk!"
Ich hebb gmänt, ich krichch bie Kränk.

15.

Unn der Letzt', der Schweizerzappe,
Worgst wie amme Appelkrappe,
Unn mächt a ä Gsicht derzu
Un kraischt: „Dulla, Chraia, Chuu!"

16.

„Du änbärmicher Schmierlochel,
„Mänscht ä Kuh wär aach ä Vochel?
„Sach, wu schtickt dann dir dain Kopp,
„Du erzmiserabler Tropp!

17.

„Aechentlich heww ich's gewunne,
„Doch ich will's dem Schlapphut gunne",
Sech ich, heww ich druf geschennt
Ae Kraiz hailche Sapperment.

18.

„Bai aich will ich nix gewinne,
„D' ihr könnt mich no hinnerbinne."
Hebb main Baitel rausgethuñ
Un main Däl bezalt dervuñ.

19.

's iß doch nix im Schwowalännel,
Dumme Lait unn schlimme Hännel.

Geht mer dorch die Weld derdorch,
's gitt kän zwättes Labbeborch.

20.

Bai uns, — do is ä Gewussel!
Geht mer nor uf Neckarbrusel,
So is schun ä Langsamkät!
Ja, uf Ehr unn Seeligkät!

21.

Geh ich nor uf Neckarstänich,
So iß's schun ganz annerst, män ich;
Komm ich zrück uf Kläß=Gemünd,
Ja, do weht än annerer Wind!

22.

Wer ä Paradies will sehe,
Der darf nor in d' Palz naiñ gehe;
Do is ä Wohlhäbigkät,
Unn was for ä Pfiffigkät!

23.

Wu hot's, wie bai uns, die Schoppe?
Wu iß so ä Hoppezoppe?
Unn wie z' Eppele der Spelz,
So steht käner bis uf Selz!

24.

Bai uns wachse wild die Käschte,
Daß mer thut die Säu mit mäschte;

Tabak, Rübsaat, wait un brät,
's iß, main Seel, ä wahri Fräd!

25.

Ja, ich wäß es aus Erfahring,
's iß bai uns die beste Nahring;
Z' Kärche, z' Läme, z' Käfferthal,
Z' Hendesse, — korz überall!

26.

Ich hebb manche Kummerade
Do unn dort im Lann schun g'hatte,
Awer 'z Mannem heww ich än,
's iß a Specel — jo, ich män!

27.

Ich hebb schun gehört Thyrolisch,
Wärtebergisch, Därkisch, Bolisch,
Awwer unner alle doch
Iß die hübschst die Pälzersproch!

K. H. Lang.

Der Halbgaul.

Nach der Erzählung eines Pälzers von Heilung eines
Wassersüchtigen in Heidelberg durch Auflegen von Halbgaul,
rumex oblichifolius Lin.

1.

Do häww ich ämol än Schabde
An maim ganze Laib gehatte;

Hebb die Dokter all gebraucht
Unn 's hot Alles nix gedaucht.

2.

Wasser iß im Laib gewesse
's iß mer uf der Brust gesesse;
Ich kann's gar net sache, nän,
Druckt hot michs a wie ä Stän.

3.

Aener hott mer des gerothe,
Aener waißte, äner rothe,
Unn än annerer gar kän Wain,
Aener gitt mer Troppe nain.

4.

Aener thut mer mit so Bille
Dorch unn dorch main Mache fülle,
Aener secht, des sai so gut, —
Pülvercher vum Fingerhut.

5.

Was der Mäs[1]) im ganze Ladde,
Was der Zipp[2]) im Kopp gehatte,
Heww ich Alles naingeschluckt,
Unn mit G'walt änunnerdruckt.

6.

Secht mer mer, ich soll's noch wöche,
Unn soll annri Lait ach fröche,

---

[1]) Materialist Mays in Heidelberg.   [2]) Dr. med. Zipf.

Die wu nit grad sain g'studiert,
Awwer sunst recht g'ästimirt.

7.

Do bin ich zum Saidennawel[1])
As a warm, wie vun der Gawwel,
Bin zum Vedder Lewwersorch[2])
Unn zur alde Wachcheborch[3]).

8.

Bin hernochert zum Viunto[4])
Unn hab glaich geholt main Kundo,
Bin — ich wäß schun, was de denkst, —
Owends zum Kartoffelhengst[5]).

9.

Bin zu äm uf Zichelhause, —
Ja, der mächt mer nix aß Flause,
Bin zu äm uf Helmst[6]) marschirt,
Ja, der hot mich nor vexirt.

10.

Aener secht, ich soll mer Hoppe
Etlich Händ voll z'samme zoppe;
Aener, ich soll hait noch gehn
Nach Paris zum Dupuytren.

---

[1]) Wirth.   [2]) Amtsregistrator.   [3]) Cafetier Schäfer.
[4]) Kaminseger.   [5]) Ein Weinwirth.   [6]) Helmstädt.

11.

Aener roth mer Käserkrone,
Aener Bärchemestersbohne,
Aener bringt, ich wäß nit wer, —
's Männche vun 're Zaunrüb' her.

12.

Aeni, so ä rechti Dappel,
Roth mer gar än Lebderappel,
Do soll ich ä Schtück bervun
Manchmol uf main Umstand thun.

13.

Wie ich lang hebb eingenumme,
Iß ämol der Recht' gekumme
Hott mer ebbes g'offerirt
Un recht anrecummandirt.

14.

Des iß so ä Kräutel gwese,
So gemäß, daß's b' Gänz net fresse,
Hundsgemäß, mer häßt es als
G'wöhnlich „Halbgaul" in der Palz.

15.

Ich hebb's oft schun g'sehe g'hatte
Uf so faichte kalte Platte,
Unn bei Läme trifft mer's an
So dick, daß nit ä Muck dorch kann.

16.

Korz, es wächst an jeder Mauer;
's Blatt, des iß ganz räs unn sauer,
D' Blume sinn so Dingelcher,
Wie so kläne Ringelcher.

17.

Un bo lecht mer ettlich Blätter
Summerlich, bai schönem Wetter
Uf die Brust unn uf de Laib,
Ordentlich zum Zaitvertraib.

18.

Ich den Halbgaul druf zu leche
Unn mich wieder frisch zu reche,
Liebe Lait, des war grad äus; —
Wie hebb ich mich g'frät, ich män's!

19.

Anfangs heww ich wohl gefrische
Un maiñ Aache müsse wische.
Awwer ich hebb wohl geschpürt,
Daß mich des recht rauscorirt.

20.

Aus der Bruscht iß 's Wasser g'loffe,
Daß mer schier drin iß versoffe,
Unn, — 's iß meiner Seel käu Flaus,
's iß zu alle Pores raus!

21.

Aus der Caut iß's 'rausgeschosse
Unn is uf den Bobbem g'flosse,
D' Stub, — näñ 's iß net g'loche, näñ, —
Die war fast z' an — eng unn kläñ.

22.

Bun der Zeit añ thu ich lache,
Unn des Kraitel bai mer trache,
Unn des, wu mich hott so b'richt,
Hot bun mir än Zwölfter kricht.

23.

Bringet mer aus alle Länner
Bun de grundgelehrtste Männer,
Holt se aus em ganze Raich, —
Käner kummt dem Halbgaul glaich!

24.

Ich därf's ohne Waiters sache,
Unn druf hiñ zwä Aeder wache,
Was schöñ iß unn añgenehm,
Des iß in der Palz dahäm.   K. H. Lang.

Aus em Johr 48.

Ihr liewe Leit, daß war e beesi Zeit,
Deß achteverz'ger Johr. Mir soll's gedenke,
Wie's Sense hot un Schbies un Schwerter g'schneit
Un Morgeschtern un alte Wehrgehenke.

Was nor e Schbiß ghatt hot, hot mitgedahn,
Uns zu der deitsche Freiheit zu verhelfe.
Doch fang ich liewer zu verzähle an:
      s' war Sunndag Vormiddags um halwer zwelfe,
   Die Preiße lage in der schwüle Luft,
   E drüwer Regedag uf alle Gasse,
   In alle Winkel Blut= un Moderduft
   Un Raub un Plünnerung. Mar hot die Kasse
   — Wann ebbes drin war — aus em Lade fort;
   Die Läde selwer hot mer fescht verschlosse;
   Die Kinner hot mer am e duschtre Ort,
   Im Keller mit de Weiwer greine losse . . .
   Nor was e Mann war, wem das deitsche Herz
   Im Buse hot am rechte Fleck geschlage,
   Dem hot kee Jammer, kee Familieschmerz
   Was angedahn in jene große Dage.
   Der hot die Freiheit nor vor Aage g'hatt,
   Un 's Parlament, un deitsche Kaiserkrone,
   Un unser liewi, scheeni Vaterschtadt,
   So schwer bedroht von Nordens· gier'gem Sohne.
   Grad bin ich Schildwach g'schtanne uffem Mark
   Un hab de Brunnekrischtoff mir bedrachtet,
   Un hab gedenkt: Wie du do owwe schtark
   Un mächtig schtehischt — so soll mein Volk geachtet
   Im Rath der Velker schtehn; es soll sein Kopp
   Nit beige vor de Russe und Franzose: —
      Do schbrengt was an in withigem Galopp,
      Mit bleechem G'sicht un nufgezog'ne Hose;
      Schteigt ab am Rothhaus, gibt de derre Gaul
      De Leit zu halde, un rennt schtanter Peter

Zum Kummandant . . . .
         Mir schberre Nas un Maul
Un Aage uf. „Aha“, secht sich e Jeder,
   „Jetz wird es Ernscht. Jetz Herz verzage nicht.
   „Es kumme trübe, schwere, blut'ge Schtunde,
   „Wo Schlachtendonner zu der Seele schbricht
   „Aus der Kanone unheilvollem Munde“.
E Jeder kneppt sein Rock jetz feschter zu,
E Jeder fisidirt sein Karabiner,
E Jeder denkt: Wärscht du in guter Ruh
Daheem bei deiner Fraa und bei de Kinner.
Du bischt doch eegentlich nit for de Krieg,
Du weescht was Besseres. als Blut zu saufe;
Un winkt dem Feind — 's is meeglich jo — der Sieg,
So hinnert dich deiñ dicker Bauch am Laufe.
Deiñ Reimadis hot geschtern sich gemeldt,
Deiñ fetti Lewwer bambelt um de Mage,
Un wann die Milz aa noch e Zeitlang hält,
Die Niere hot der Deifel schun am Krage.
     Der faule Belz, der Gundt, die Diemerei,
     Der dicke Mächer, und der derre Sickel:
     Die sin deiñ Losung, und deiñ Feldgeschrei
     Is „Noch e Glas!“ un „Noch e guter Wickel!“
Uf eñmol schteigt meiñ Ritter wibber uf.
E Dutzend Geil werd aus em Schtall gezoge,
Die Hauptleib kumme, hocke owwe druff
Un sinn carrière die Vorschtadt nausgefloge.
     Mir sin vor Uffregung und Kampfbegier
     Zwee Schtunde lang im Angschtschweeß schier versoffe;
     Do kummt der krumme Dax, der Kanonir,

Der scheele Glatzkopp uff uns zugeloffe,
Un secht: „Wißt Ihr, warum die Klerisei
„So deifelswild do naus kasseckert vorre?
„'s is . . . . . — „„Noñ, was is dann?"" —
                                        in der Meierei
„E frisches Bockfaß grad añgschtoche worre!"
                                        G. Walz.

~~~~~~~~~~

† Die Lumpeglock.

Ihr Leit, ziecht schwarze Hendsching añ,
Greint Euch die Aage roth,
Nemmt Bummeranze in die Hand:
Die Lumpeglock is dod.

So manches liewes, scheenes Johr
Hot sie uns treu bewacht
Un hot mit ihrer Geeschterzung:
„Geht heem, ihr Lumpe!" gsacht.

„Trinkt Euern Rescht, nemmt Hut un Schtock,
„Schteckt Euch in Euern Flaus;
„Geht heem, legt Euch in's warme Rescht
„Un schloft den Dambes aus.

„Macht fort, macht fort, sunscht brummt die Fraa,
„Die Kinner wache uff,
„'s gibt Vorwirf un Gardineschbrich
„Und gar am End en Buff.

„Geht heem! Ihr kricht doch 's Faß nit leer:
„Dann so e Faß — am End —
„Is unerschöpflich wie der Krug
„Im alte Teschtament.

„Geht heem! 's is morge noch en Dag,
„Schteckt Euer Batze eiñ.
„Muß Euer Kater dann partout
„En Seidekater seiñ?"

So hot se gschennt und resonnirt
Un — war's ā for die Katz —
Schöñ war's halt doch. Die Lumpeglock
War ganz an ihrem Platz.

Un wann d'r doch was ännre wollt,
Ihr Herrn im Berrorock —
Warum dann uff em Kerchedhorn
Un. an der Lumpeglock?

Warum dann nit — Ihr wißt schun wo —
Do hunne in der Schtadt?
Do is noch viel und mancherlee,
Was so sein Hoke hat . . .

Un dann — wann sunscht e Chrischtemensch
Zum Job*) hinausspazirt —
Werd an de meeschte Glocke doch
Gebembelt un gerihrt.

———————

*) Name des Kirchhofgärtners.

Doch unſer Glock — in aller Schtill,
Ganz ohne Sang un Klang
Geht flöte — obber ſchöner g'ſacht —
Geht ihren letſchte Gang.

Wann des nor gut bhut; wann ſe nor
Nit ſchpuckt un zwar um zwölf,
Wie's Geeſchterbrauch und Ordnung is,
Nit — wie bisher — um elf.

Un is dann was gewunne, ſchtößt
Die Leit um eens der Bock?
Meent Ihr ſchtudirte Herre dann:
Der Lump ſchtirbt mit der Glock?

Jetzt ich for mein Deel, meen halt ſo:
Ich denk: Du liewer Gott,
's lohnt gar nit mehr zu lumpe, wann
Die Lumpeglock is dod.

Doch weil nach ſeinem wahre Werth
Nix in der Welt werd gſchätzt;
So drink ich — mit un ohne Glock —
Mein Schobbe wie bis jetzt

Und ſag: Ihr Leit, ziecht Trauer ân,
Greint Euch die Aage roth,
Nemmt Bummeranze in die Hand:
Die Lumpeglock is dod.

G. Waltz.

Anhang.

Grammatisches, Wörterbuch, Anmerkungen.

~~~~~~~~

Kurze Grammatik.

I. Aussprache.

A. Vokale.

§. 1. **a** hell zu sprechen, auch wo es eine Länge ist; etwas dunkler ist die Aussprache des **aa** (§. 2).

ä und **ää**, nur wenig dunkler als das betonte **e** und **ee**. Mächt, Mäbel, Mähd (macht, Mädchen, Mägde) sprich beinah wie mecht, Mebel, Mehd.

äu, etwas dunkler als **ai**, etwa wie **aü**, jedoch ohne stark hörbare Trennung der beiden Laute. Läube (läuben) spr. laübe.

e, hell. In kurzen unbetonten Sylben ist es fast unhörbar; mer (wir) wolle, mancher, sag's em (ihm) spr. mr wolle, manchr, sag's 'm.

ee, etwas dunkler, etwa wie das **e** in Mehl; also Fleesch, Dheel (Fleisch, Theil) wie Flehsch, Dhehl, bête, mêler. Dagegen lauten diese Worte z. B. in Frankfurt und Mainz: Fläsch, Dhähl.

ei, nahezu wie **ai**, also Blei spr. wie Blai. Nur aus Rücksicht auf leichteres Verständniß ist die Schreibung **ei** bei-behalten worden, ausgenommen wo die Sylbe gedehnt ist und beide Vokale einzeln gehört werden, z. B. Ai (Ei) spr. A-i, Aich (bäur. Eiche) spr. A-ich.

eu, dunkel, wie aü. Heu spr. Haü, heut spr. haüt.
ö und öö, hell, beinahe wie ee, nur mit entferntem Bei-
klang von o.
ü, hell, fast wie i.

§. 2. Verglichen mit den Vokalen der Schriftsprache entspricht
das pfälzische   dem hochdeutschen

aa, in Fraa, Baam	au, Frau, Baum.
—, in Fraad (bäur.)	eu, Freude.
—, in Laab (bäur.), ich waaß	ei, Leid, ich weiß.
ä ob. ää, Bämche, Bääm	äu, Bäumchen, Bäume.
ai, Ai, Waih	ei, Ei, Weih.
e, Hersch, Kersche, Hert	i, Hirsch, Kirsche, Hirt.
ee, Meenung, Dheel	ei, Meinung, Theil.
i, Verglich	—, Vergleich.
o, Rothhaus, Owend	a, Rathhaus, Abend.
—, korz, Worscht	u, kurz, Wurst.
oo, Hoor, Ool	aa, Haar, Aal.
—, groo, bloo	au, grau, blau.
ö, schtörze, dörfe	ü, stürzen, dürfen.
u, Sunn, schun, Dunner	o, Sonne, schon, Donner.
—, gunne	ö, gönnen.
—, uf, druf	au, auf, drauf.
—, Schunke	i, Schinken.
—, buschter	ü, düster.

B. Consonanten.

§. 3. Mundartliche Verwandlungen derselben.

Hochdeutsch.   Pfälzisch.

b, lieben, übel	w und ww, liewe, üwwel.
p, Pappendeckel, Possen	b, Babbedeckel, Bosse.
pf, Pfeife, Pfuhl, Pferd	p, Peif, Puhl, Perd.
—, schlüpfen, tupfen	bb, schlubbe, dubbe.
h und g, in gedehnten Sylben; er sicht, liegt, Vogel	ch, wodurch die vorstehende Sylbe den scharfen Accent er- hält: er sicht, licht, Vochel.
t, tobt, Teufel, tapfer	d, dobt, Deiwel, dabber.

Hochdeutsch.	Pfälzisch.
th, Theil, Thal, Thurm	dh, Dheel, Dhal, Dhorn.
n, kein, anblasen	n, keeñ, bäur. kaañ, añblose. Dies ist ein Nasenlaut, wie in den französischen Worten sans, fond, fin, enfant u. s. w.
sp und st	schp und scht, ein mildes sch, nicht zu breit oder zischend zu sprechen.

Anhang.

§. 4.

Anm. 1. b und bb als Endconsonant, in den Worten habb, gebb u. s. w. verwandelt sich vor Vokalen in w oder ww; ich haww e Mol, geww aa Geld her; doch ist dies willkürlich, und fällt namentlich meist weg, wo das auf b oder bb endigende Wort in der Rede betont werden soll.

Anm. 2. Das n in der Endsylbe — en der Pluralformen der Nomina, fällt, mit Ausnahme des Wortes Herr (Herrn oder Herren) weg, also: die Sache, die Buwe u. s. w. Ebenso bei den Infinitiven ohne Ausnahme; also gewwe, redde (geben, reden oder retten). Vgl. jedoch Anm. 7.

Anm. 3. Die Vorsylben be und ge stoßen das e vor Consonanten oft aus: und zwar be regelmäßig vor h, s, sch, scht, also: bhalde, (behalten, sprich palde), bhüde (spr. püde); bschließe (beschließen), bsunders, bschtohle.

Die Vorsylbe ge vor f, h, s, sch, scht, also gfunne (gefunden), ghört (gehört, sprich köhrt), gsund, gschosse, gschtoße; seltener vor m und w, doch hört man: Die Gmaan (bäur. die Gemeinde), gweßt, Gwind (an einer Schraube) u. A.

Anm. 4. Zsamme, regelmäßig für zusammen.

Anm. 5. Assimilationen. Das Wort nit vor b und p, g und f assimilirt das t; also: nib ball (nicht bald), wann ich nip peif (wenn ich nicht pfeife), ich habb nig gewöllt, 's is heut nit kalt. Wo jedoch der Ton der Rede auf nit liegt, bleibt es unverändert.

wann (wenn und wann) und sin (sind) vor m können das n in m verwandeln, wamm mer (wenn wir), sim mer oder simmer (sind wir oder sind mir); doch geschieht dies nicht immer.

Anm. 6. Zusammenschmelzungen. Tonlose Worte, besonders die persönlichen Fürwörter und der unbestimmte Artikel, vereinigen sich als Suffixa mit dem vorangehenden Worte; doch sind sie nicht immer als solche geschrieben; sagi (bäur. sag ich), wannde (wenn du), midder (mit dir oder mit ihr), wollemer (wollen wir), sitzt'r (sitzt er oder ihr), treischese (schreien sie), amme (an einem), annere (an einer) u. s. w.

Anm. 7. N ephelcysticon. Um einen Hiatus zu vermeiden, wird den mit einem stummen e endigenden Worten vor einem Vokal in der Regel ein n angehängt, oder eingeschaltet; z. B. statt e aldi Fraa — en aldi Fraa; zwee hawwen en gführt (haben ihn geführt), dagegen nie anders als: zwee hawwe dich gführt.

~~~~~~~

II. Declination.

A. Substantiva.

§. 5.

1) Der Genitiv ist, wenige Ausnahmen abgerechnet (z. B. Gobbes Wort, 's Vadders-Bruder u. A.), nicht im Gebrauch. Man ersetzt ihn durch den Dativ in Verbindung mit dem pronomen possessivum; (dem Mann sein Hut, der Fraa ihr Mandel, dene Leut ihr Geredd;) und wo der Gen. ein Herrühren, eine Herkunft bezeichnet, auch durch die præp. vun, z. B. Die Gedichte vum Schiller, das Vermöge vun de Eltre (das Vermögen der Eltern, insoweit es z. B. der Sohn zu erwarten, oder geerbt hat).

2) Der Dat. Sing. erhält kein **e** und lautet wie der Nom. und Acc. dem **Mann**, nicht: dem Manne, dem Kind, dem Fuſch.

3) Nom., Dat. und Acc. Plur. ſind gleichlautend. Der Dat. erhält kein **n**. de Weiwer (den Weibern), de Soldate (den Soldaten).

4) Die Eigennamen haben immer den Artikel vor ſich; alſo: der Heinrich hot gſagt, er hot de Napoleon gſchlage.

5) Es gibt drei Deminutivformen: — **che**, — **el** und — **ele**, die mitunter neben einander im Gebrauch ſind. Vorherrſchend ſind (dieſſeits des Rheines) die Formen — **el** und **ele**. Mädche, Mädel und Mädele; Fäßche, Fäſſel und Fäſſele; die auf — **che** endigenden hängen im Plur. ein **r** an, alſo: Mädcher, Männcher, Weibcher, Enkelcher. Die auf **ele** haben im Plur. die Endung **lin**: Mädele, Mädelin; Enkele, Enkelin; die auf **el** haben zwei Pluralformen, a) — **le** (mit Ausſtoßung des **e** vor dem **l**): Mädel, Mädle, Hünkel, Hünkle; b) — **lin**, Mädel, Mädelin, Hünkelin, Stüwwelin (Stübchen).

B. Adjectiva.
§. 6.

Das Femininum derſelben hat in der ſtarken Form im Nom. und Acc. Sing. die Endung — **i**; e blindi Fraa, ſein gudi Küch; dagegen im Dat. der oder ere blinde Fraa.

C. Pronomina. a) Perſonalia.
§. 7.
Singular.

Nom. ich, 'ch, i (b)	du, de, d'	er, 'r	ſie, ſe	es, 's
Gen. meiner	deiner	ſeiner	ihrer	ſeiner
Dat. mir, mer	dir, der	ihm, em, 'm	ihr, er, 'r	ihm, em, 'm
Acc. mich, mi (b)	dich, di (b)	ihn, en, 'n	ſie, ſie	es, 's

Plural.

Nom. mir, mer	ihr, 'r	ſie, ſe	ſie, ſe	ſie, ſe
Gen. unſerer	euerer	ihrer	ihrer	ihrer
Dat. uns	euch, üch, 'ch	ihne, en, 'n, ene	(wie das Masc.)	
Acc. uns	euch, üch, 'ch	ſie, ſe	(desgleichen).	

Anm. Die Formen: de, ſe, mer, der, em, er, mi, die, en, üch ſind kurz und faſt tonlos.

h) Possessiva.

§. 8.

Singular.

Masc.	Feminin.	Neutrum
Nom. mein	mein	mein
Gen. meins	meiner	meins
Dat. meim	meiner	meim
Acc. mein	mein	mein.

Plural.

Nom. mein		
Gen. meiner		wie das Masc.
Dat. meine		
Acc. mein		

Eben so werden dein und sein declinirt. Ihr bedarf keiner Bemerkung, auser daß das Fem. im Sing. u. der Nom. und Acc. des Plur. aller Genera ihr lauten, der Dat. Plur. ihre ohne n.

Stehen sie ohne Substantiv, so lauten sie:

Singular.

Masc.	Femin.	Neutrum.
Nom. meiner	meini	meins
Gen.	fehlt	
Dat. meim	meiner	meim
Acc. mein	meini	meins.

Plural.

Nom. meini		
Gen. fehlt		wie das Masc.
Dat. meine		
Acc. meine		

Niemals: der meine oder meinige, wie z. B. v. Kobell einige Male sagt.

Eben so werden deiner und seiner declinirt.

Singular.

Nom. ihrer	ihri	ihrs
Gen.	fehlt	
Dat. ihrem	ihrer	ihrem
Acc. ihren	ihri	ihrs.

Anm. Zu mehrerer Deutlichkeit sagt man auch: dere ihrer, denne ihrer, Ihne ihreru.s.w. Vgl. §. 5. Absatz 1.

Plural.

Nom. ihri (Gen. fehlt), Dat. ihre,
Acc. ihri, Feminin. und Neutrum eben so.

c) Demonstrativa.

§. 9.

Singular.

Masc.	Feminin.	Neutrum.
Nom. der, seller,	die, selli	des ob. deß, sell
Gen.	fehlt	
Dat. dem o. demm, sellem,	der o. dere; seller o. sellere,	dem o. demm, sellem
Acc. den ob. denn, selle,	die, selli	des ob. deß, sell.

Plural (durch alle Genera).

Nom. die, selli
Gen.   fehlt
Dat. dene ob. denne, selle
Acc. die, selli.

Anm. der, die, deß entspricht dem der Mundart fremden dieser; seller dem hochdeutschen jener. Auch dieses letztere Wort kommt nur in der Redensart vor: seller und jener.

d) Interrogativa.

§. 10.

Wer bedarf keiner Bemerkung.

Weller (welcher?) wird declinirt wie das entsprechende Demonstr. seller.

e) Relativa.

§. 11.

Der, die, das ob. daß, s. oben.

Welcher oder weller kommt als Rel. nie vor. Dafür hat die Mundart das indeclinable wo (vergl. das engl. who) für Nom., Dativ und Acc. Sing. und Plur., für den Dativ (cui, quibus) jedoch nur, wenn ein im Dativ stehendes Subst. oder Pronomen vorangeht. Der Mann, wo do war, is groß. Den, wo ich meen, ruf ich. Dem, wo do war, gebb Geld. Dem, wo ich die Hand drück, mach uff. Dagegen nicht: Der Mann, wo ich Geld gebb, soll bleiwe; — sondern hier wird statt wo das sonst weniger gebräuchliche Relativum der, die, das oder deß gebraucht; also: der Bu, dem ich ruf, soll tumme u. s. w.

D. Zahlwörter.

§. 12.

Masc.	Femin.	Neutrum.
Nom. eeñ, eener	eeñ, eeni	eeñ, eenß
Gen.	fehlt	
Dat. eem	eener	eem
Acc. cen	eeñ, eeni	eeñ, eenß.

Anm. Die Bauernmundart gebraucht: a a ñ, a a n e r; die
Declination ist die nämliche.

Die Form e e m oder a a m für den Accusativ kommt
ausnahmsweise vor, wenn man so zu sagen einen Acc.
von m a r (man) braucht; z. B. wamm mar a a m (oder
e e m) schlächt, do kreischt mar.

E. Artikel. a) der bestimmte.

§. 13.

Singular.

Masc.	Femin.	Neutrum.
Nom. der	die	deß, 'ß
Gen.	ist nicht im Gebrauch).	
Dat. dem, em, 'm	der	dem, em, 'm
Acc. de	die	deß, 'ß.

Plural.

Nom. und Acc. die	die	die
Gen.	ist nicht im Gebrauch).	
Dat. de	de	de.

b) der unbestimmte.

§. 14.

Nom. e (tonlos, wie alle Vokale des bestimmten und unbe-
stimmten Artikels. Doch würde es falsch sein, a zu schreiben.)

Gen.	fehlt.	
Dat. eme	ere	eme
Acc. en, 'n	e	e.

III. **Conjugation.**

§. 15. Das Imperf. Indic. fehlt der Mundart durch-
aus, mit alleiniger Ausnahme von sein; ich war, du warscht
u. s. w. Statt dessen wird das Perfect oder Präsens gebraucht.
Wenn dies auf der einen Seite eine Unvollkommenheit ist, welche
die Darstellung schwierig macht, so ist auf der andern Seite
nicht zu verkennen, daß die Rede dabei an Lebhaftigkeit außer-
ordentlich gewinnt.

§. 16. Wo das Hülfszeitwort hawwe gebraucht werden
müßte, fehlt, weil dieses kein Imperfectum Indic. hat, das
Plusquamperfectum Ind., und die Vollendung in der Ver-
gangenheit wird durch das Perf. dieses Hülfszeitworts ausge-
drückt: ich habb gsacht ghatt, für ich hatte gesagt; dagegen:
ich war ufgschtanne, ich war gange.

§. 17. Präsens und Perf. Conjunct. fehlt. Statt dessen
wird das Imperf. und Plusquamperf. Conj. gebraucht. Also
nicht: mar sächt, ich sei schlimm, — ich habe gschlage,
sondern: ich wär schlimm, ich hätt gschlage.

§. 18. Das Imperf. Conj. wird bei den meisten Zeitwörtern
durch Umschreibung mit dem Hülfszeitwort dhun gebildet;
z. B. ich habb gsacht, ich dhät schreiwe; ich habb gförchtt,
ich dhät gschlage werre. Nur wenige haben eine eigene
Form dafür; z. B. ich käm, blieb, dhät, ging, schtünd, wär,
möcht, könnt, sollt, wollt, dörft, müßt, hätt, schlief u. a.

§. 19. Das Particip Präs. ist meist ungebräuchlich, und
wird durch Umschreibungen ersetzt; z. B. anstatt: Die Um-
stehenden hören es, sagt man: die wo drum rum schtehe,
höre's; die wo angegriffe hawwe, sin Sieger gebliwwe, für:
die Angreifenden blieben Sieger.

§. 20. **Einige Beispiele.**

dhun, gebhan und gebhun.

Gehe oder gehn, gange (eigentlich: ggange, entstanden
aus gegange).

Gewinne, gewunne (gleichlautend ist gewunne, von
winne, winden).

Gschehe, 's geschicht, 's gschäch, 's is geschehe.

Gühre (gähren), gegohre.

Hawwe, ich habb (haww, bäur. ich hebb, heww), du hoscht, er hot, mir hawwe (bäur. hewwe, henn oder hunn), ihr habbt, ich habb ghatt.

Henke (hängen, intransitiv), ich bin ghanke und ghonke; transitiv: ich habb ghenkt, oder auch weich: ghängt.

Kenne, gekennt. Könne, gekönnt.

Kumme, ich kumm, du kummscht, er kummt, (bäur. kümmscht, kümmt), mir kumme, ich bin kumme, ich käm.

Laafe, du laafscht, oder lääfscht, geloffe.

Läube, gelübbe.

Liche, geleche (vorletzte Sylbe scharf).

Losse, geloßt; in Verbindung mit andern Zeitwörtern, ich habb — losse.

Müsse, gemüßt.

Nemme, genumme, ich nähm oder bhät nemme.

Quille (intransitiv, quellen), gequolle, dagegen lautet das Transitivum quelle, gequellt.

Reiwe, geriwwe.

Rinne, gerunne.

Rufe, rufscht und rüffscht, er ruft und rüft.

Sage, ich sag, du sächscht, er sächt, mir sage, ich habb gsacht; (bäur. gedehnt: sächt, gsaht).

Schlofe, du schlöfscht, er schlöft und schlofscht, schloft.

Schpeiche (speien), gschpiche.

Schpinne, gschpunne.

Schraie (nur in der Bauernmundart), gschraue.

Schtecke transitiv: ich habb gschteckt; intransitiv: ich bin gschtocke.

Schteige, gschtiche.

Schwelle oder schwille (intrans. auf= oder anschwellen), gschwolle.

Sehe, wie: gschehe; hat jedoch kein Imperf. Conjunct.

Sein, du bischt, er is (b. isch), mir sin; geweßt (niemals: gewese).

Sitze, giesse und gsotze.

Werre (werden), ich bin worre; nicht geworre, oder worde.

Wisse, ich weeß, du weeßcht; gewüßt.

Zobbe oder zubbe, zupfen; gezubbt oder gezobbt. Hobbe zobbe, Hopfen abpflücken, einernten; dagegen: zöbbe (die Haare), Zöpfe flechten u. ſ. w.

Wörterbuch.

b. bezeichnet die Bauernmundart.

A.

aa ob. aach, auch.

Aag, Auge.

aarm, arm.

Aarm, Arm, pl. die Ärm.

aartlich, 1) artig. 2) ſonderbar.

Abbel, pl. Abbel, Apfel.

ſich abrackre, ſich bis zur Erſchöpfung abarbeiten, beſ. durch körperliche Bewegung.

mit Ach un Krach, mit Mühe, mit genauer Noth.

Achſel, Schulter, ausſchließlich im Gebrauch.

abba in der Kinderſprache, drückt das Verlangen nach einem Ausgang aus.

Aerwet, b. Arbeit.

Ai, Ei.

alleweil, jetzt, in dieſem Augenblick.

allminanner, alle mit einander.

als in Verbindung mit einem Zeitwort drückt aus, daß etwas gewöhnlich oder von Zeit zu Zeit geſchieht.

alsfort, immer.

Altmobber, b. Großmutter.

amme, an einem, annere, an einer.

Andrees, Andreas.

anfange, verb. unternehmen.

anfangs oder anfange, jetzt, allmälig.

angauze, anbellen.

en annerer, en anneri, — ein anderer, eine andere.

annerscht, anders.

arg, Adv. in der Bedeutung von sehr, welches Wort die
    Mundart nicht kennt. ·

awoll, nein.

Atzlaag, das, das Hühnerauge (Atzel, Elster).

B.

Baam, Bämche, Bämele, Baum 2c.

babbe, babbig, kleben, klebrig.

Babbe, eig. Vater, Papa; ein altväterischer, dicker, dummer
    Mensch.

Babeer, b. Papier.

Backe, ausschließlich für Wange.

Backschtubbskleeder, die weißleinene Arbeitskleidung der
    Bäcker.

babbe, nützen, helfen; mit dem Accus.

Bändel, Band, am Bändel hawwe, in der Gewalt haben.

Bäredreck, scherzweise für Lakritz.

Bahl, der, Ball, Tanzgesellschaft. Der Spielball heißt Balle.

ball, bald, ballvoll, balb, der Vollendung nahe; nahezu,
    beinahe.

bamble, sich hängend hin und her bewegen, baumeln, bämble,
    die Glocken zum bamble bringen, läuten.

Barrück, Perrücke.

Baß, der, 1) Baß, Baßgeige. 2) Paß.

Batzewein, Wein zu 4 Kreuzer der Schoppen, geringer Wein
    überhaupt.

Bauknecht, der Aufseher über die städtischen Bau- und son-
    stigen Geräthschaften.

Bauß, die, Geschwulst am Kopf vom Fallen, Schlagen,
    Stoßen 2c.

Bebbel, der, 1) Bettelei, 2) eine werthlose Sache.

beffe, beffze, bellen, bef. von kleinen Hunden mit gellender Stimme.

beinanner, bei einander.

Berk, die Birke.

bhaue, u. A. behauen.

Bire, Birne; — brecher oder — brech, das zum Herunter=
brechen der Birnen dienende Werkzeug.

e bissel, ein wenig.

blasser Reiber, eine ordinäre Sorte Rauchtabak.

bleche, scherzweise für bezahlen.

blinn, blind; blinne Rewe, Satzreben, die noch keine
Wurzeln haben.

blitzebloo, blitzblau, ein Intensivum, vgl. kitzegroo, lobber=
leer, windelweech.

Blitzer, der, das Blitzen, als concreter Gegenstand gedacht.

Blunz, die, verächtlich, eine nur mit Blut gefüllte Wurst.

Bluth, die Blüthe.

Börscht, Bürste.

Borsch, Bursche.

borzle, purzeln.

Bracht, Kummer.

braunfalch, braunfahl.

Brenk, die, ein offenes, niedriges, hölzernes Flüssigkeitsge=
fäß; ein höheres heißt Küwwel.

Brotworscht, Bratwurst.

brotzle, von dem Geräusch, das eine über gelindem Feuer
stehende Speise verursacht, langsam schmoren; — verschie=
den von pratzle (prasseln).

Bu, Bube, Sohn.

Buckel, 1) Rücken überhaupt. 2) Höcker. 3) Hügel (Bühel).

Budd, die, Plur. die Budde, ein 3—4 Fuß hohes, schmales
Flüssigkeitsgefäß mit Riemen zum Tragen auf dem Rücken.

Büdd, die, ein großes, weites, offenes Flüssigkeitsgefäß, Plur.
die Büdde. Der Größe nach steht der Zuwwer in
der Mitte zwischen Küwwel und Büdd.

Buffink, der Buchfinke.

Burgerghorscham (Bürgergehorsam), ein leichtes bürger-
  liches Gefängniß.
Burgerhilf, der Nothruf, dem jeder Bürger Gehorsam
  leisten muß.
Buschel, die, der Büschel.
Butzewauwau oder — wawau, ein Schreckbild für Kinder.

C.

Cyprianer=Aage, Augen wie die Cyprianer=Taube, roth.

D.

Daab, taub: davon Daawrian, spottweise ein Tauber,
  Harthöriger.
Dabbele, der oder des, ein gutmüthiger oder einfältiger,
  ungeschickter Mensch.
dabble, mitdabble, in der Einfalt und gedankenlos mit-
  gehen oder etwas mit Andern thun.
dahle, breit, langweilig und einfältig sprechen. Subst. der
  Dahler.
Dall, die, eine Vertiefung an einem Gegenstand, welche durch
  Beschädigung entstanden ist; auch Däll
Daub, 1) die Taube, 2) die Faßdaube.
dererscht, 1) zuerst, 2) erst, trotzdem.
Derf, Türle.
Dhorn, Thurm.
dinge, Gesinde miethen; sich verdinge, seine Dienste ver-
  miethen; nur von Hausgesinde, nicht aber von Gewerbs-
  gehilfen gebräuchlich. Perfect. gedingt, verdingt;
  gedunge dagegen heißt durch Lohn zu etwas (Unedlem)
  bestimmt.
nit so doh, nicht auf den Kopf gefallen, auch: dreist.
dohinn, hier innen.
Dollbatsch, ein plumper, ungeschickter Mensch.
Doppelmops, eine Sorte Schnupftabak.
dorkle, taumeln, bes. von Betrunkenen.
Droht, Draht.
drowwe, droben, dort oben.

Nadler, Gedichte.   18

Dum, der Dom.

dummle, sich, sich tummeln, beeilen.

durchbumbe, durchprügeln.

Dus, die Dose.

duschter, düster.

Düttche, des, die kleine Düte. Demin. von Dutt.

E.

ebber, ebbes (ohne Femininform), irgend einer, etwas; ebber, Adv., etwa.

Eech (b. Aich), Eiche; eeche, von Eichenholz.

eerndte, b. ärnten.

Ehl, Elle.

erbei, erunner, erein, eraus (Anfangssylbe tonlos), herbei, herunter u. s. w.

ernd, Adv., irgend, ungefähr, bei Schätzungen.

err, irr; erre, irren.

ewe, eben, soeben; die vorletzte Sylbe lang.

ewwe, das nämliche Wort, nur geschärft, gleichbedeutend mit halt; s. d.

F.

Farre, Farremummel, der Zuchtstier.

Faßnacht, auch Fasenacht, Fastnacht.

Ferneiß, Firniß.

Fett, sein Fett kriche, ausgescholten, gestraft werden.

Fetzekerl, ein kräftiger, wohlgenährter Mann von derber Gesundheit.

Filliz, Felicitas, Frauenname.

finne, finden.

Fledderwisch, der Gänseflügel, den man zum Abkehren gebraucht; tropisch ein Mensch, der in allen Ecken herumfährt, ein flatterhafter, leichtsinniger, würdeloser Mensch.

mit Fleiß, absichtlich.

for, für; for die Katze, umsonst, frustra.

Fraa, Frau, ohne Plural; statt dessen wird Weiwer gebraucht; dagegen sagt man: die Frabbase, die Frauen Base.

Fränz, Franzisca.

fremm, b. fremd.

Fröbb, b. Fraab, Freube.

Fubergang, Futtergang, der Gang zwischen zwei Reihen
Vieh, welcher so gestellt ist, daß die Köpfe gegen einander
gekehrt sind.

Fusch, Fisch.

futsch, Adv. u. Interject., fort, weg, verschwunden, mitdem
Nebenbegriff: schnell, unerwartet.

G.

Gaas, Gees, die Ziege.

gauze, bellen, besonders bei größeren Hunden; vgl. beffze.

Gawlier, Cavalier.

Gehret, Gänserich.

gelübbe, geläutet.

gemaaniglich, b. gemeiniglich, gewöhnlich.

Gemeen, b. Gemaan, ob. Gmaan, Gemeinde.

Geriß, von reißen; sie hot's Geriß, man bemüht sich
allgemein um sie.

geschtert, seltener: gescht, gestern.

Geuhz (zweisilbig), das Aufziehen, die Neckerei, s. uhze.

Gezündel, das Spielen mit Feuer ob. Licht, Tadelwort.

gfeit, gefeit, mit Zauberkraft versehen.

Ghannsdag (spr. Kannsdag), Johannistag; sonst lautet
der Name: Johann oder Hannes.

gheem, geheim. Eben so ist in allen andern mit gh an-
fangenden Wörtern das e als ausgefallen zu betrachten;
sie bedürfen daher keiner Erklärung.

es goowebbelt, Regen und Schnee durcheinander, überhaupt
von sehr üblem Wetter. (Etwa ironisch: es ist Wetter,
um in den Gau, d. h. über Land zu gehen? doch spricht
hiergegen der Umstand, daß Gau pfälzisch gewöhnlich
Gäu heißt und Goo sonst gar nicht vorkommt.

Gorchel, Gurgel ohne Unterschied zwischen Speise= und Luftröhre; doch sagt man von letzterer: 's is mer was in die unrecht Gorchel kumme.

grahnze, langsam knarren, z. B. von Schuhen, Thüren, die sich in nicht eingeölten Angeln langsam bewegen.

grawwle, 1) mit Mühe gehen oder steigen; 2) von dem Gefühl, welches das Laufen von Insecten am Körper verursacht.

greine, weinen, ohne uneblen Nebenbegriff; einen solchen haben die Worte heule und flenne, Flennelz, eine Person, die oft und leicht weint. Weine kennt die pf. Mundart nur zur Bezeichnung des Auslaufens von Saft aus den frisch geschnittenen Reben im Frühling.

's gribbt mich, von gelindem, aber anhaltendem Aerger.

uf's Grothwohl, Gerathewohl, auf gut Glück, in den Tag hinein.

Gschpaß, Spaß, sich gschpasse.

Gschwaih, Schwägerin.

gschweih oder wie gschweih, geschweige denn.

gucke, lat. visere, aus einer bestimmten Absicht, oder aus Neugierde sehen.

gunne, gönnen; die Gunn eem anbhuñ, Einem den Gefallen anthun, auch: das Wort gönnen.

H.

haam, b. heim; Hameth, b. Heimath.

Häffner, Häfner, Töpfer.

Händsching, Handschuh.

halt, Adv. eben; wenn man den Grund einer Handlung nicht eben angeben kann oder will.

Hampfel, eine Handvoll.

Hannebambel, Johann, der seine Glieder bamble läßt; ein einfältiger Mensch ohne Energie, ein Mensch, der Alles mit sich machen läßt.

heire, b. heirathen.

Helsebeeñ, Elfenbein.

Hellung, Helle, Licht.

Hemm, Hemd. Hemmig, hemmärmelig, im Hemd, in Hembärmeln.

Hern, das Gehirn.

herngege, dagegen, um einen antithetischen Satz einzuleiten.

himmle, scherzhaft für sterben.

hinner, hinter und nach hinten zu; hinnerschich, rückwärts, mit dem Rücken voran.

Hochzig, Hochzeit.

Holler, Hollunder.

Hoob, die, ein sichelförmiges, kurzes, auf der inneren Seite geschliffenes Messer zum Beschneiden der Baumzweige, Reben u. A.

hotzle, Jemanden auf dem Rücken tragen.

Hünkel, Huhn, ohne Deminutivbedeutung.

Hüwwel, eine Erhöhung auf der Fläche, die eigentlich glatt sein sollte, z. B. auf einem gehobelten Brett, der Haut.

J.

Jascht, 1) Eile; 2) Aufgeregtheit.

K.

Käfferjörgel, Georg, der Käfer d. i. Sparren oder Ratten im Kopfe hat.

Karolus-Magnus ist die Etiquette einer geringen Sorte Rauchtabak.

Käscht, die edle Kastanie.

Karscht (gedehnt), eine Rotthacke.

Katzeschpur, die haarige Raupe des Bärenschmetterlings (bombyx phalaena Caja), deren Berührung Entzündung der Haut verursacht.

Kerbs, Kürbis.

Kerch, Kirche.

Kerngugummer, die reife Samengurke.

kibble, 1) an dem Rande eines harten Gegenstandes so klopfen, daß kleine Stücke davon abspringen; 2) tropisch minanner kibble, sich gegenseitig necken und beleidigen

besonders wenn daraus ein ernstlicher Streit entstehen
kann, oder dabei beabsichtigt wird.

kitzegroo, sehr grau (katzengrau?), vgl. blitzebloo.

Klowe, 1) Kloben; 2) Tabakspfeife.

knöchle, würfeln.

knötsche, (verächtlich), kneten; verknötsche, durch
Kneten in den Händen verderben. Das o ist lang.

knuschpere, kauen, von harten und beim Zerbeißen krachen-
den Eßwaaren, und mit dem Nebenbegriff: essen ohne
Hunger zu haben, zum Zeitvertreib kauen.

Kraas, b. Kreis.

Krabb, Rabe.

kriche, kriegen, bekommen.

Kringel, Kreis, kreisförmige Bewegung.

Krobb, Kropf.

Kschlav, Sklave.

kuschtere, kosten, mit dem Munde.

L.

Lahme, b. Lehm.

Lahn, die Lehne, sich lahne, sich anlehnen.

laihe, b. liegen.

lange, 1) intrans. ausreichen, genügen. 2) transit. nach
etwas greifen (mit ausgestrecktem Arm.) 3) etwas holen,
mit demselben Nebenbegriff.

Laubsal, vermeintlich hochdeutsch statt Labsal.

Lawatsch (der Accent auf der Endsylbe), Schwätzerin, ein
Schimpfwort (von lavare, waschen?).

lebberweech, lederweich, halbweich.

Lein, die Leine, Schiffsseil.

lerne, lehren und lernen.

letscht, der letzte. Abv. auch: letschthin, vor einiger Zeit.

letz, Adj. und Abv. verkehrt, unrichtig.

Lewwerflecke, braune Muttermale.

liche, Perf. geleche, liegen.

Lobbel, ein nachlässiger und dabei ungeschlachter-Mensch
(Zeitw. lobble, rumlobble).

lobberleer, Intensivum, leer, ganz leer.

lubbe, lupfen, ein wenig in die Höhe heben, „er lubbt noch nit emol die Kapp."

Lubbel, die (verächtlich), die Tabakspfeife.

M.

Mahd, Plur. die Mähd, Magd.

Mahbel oder Mabche, b. Mädchen.

mar (a kaum hörbar), man.

maule, ungeeignete Widerrede thun, schimpfen.

Megsder, Metzger.

meintwege, 1) meinetwegen; 2) ungefähr, etwa; bei Schätzungen einer unbestimmten Menge; z. B. 's ware meintwege hunnert.

mer (tonlos), 1) Dat. mir; 2) Nom. Plur. wir, in den Fällen, wo der Ton der Rede nicht auf dem Wort liegt; sonst heißt es mir.

Mobber, Mutter.

mole, malen; dagegen mahle, mahlen.

Mummelochs, Zuchtstier; s. Farre.

N.

nn statt nd oder nt; finne, schinne, unne u. s. w.

Nähdern, die Näherin.

Nähz, oder Nähts, Nähgarn.

naus, hinaus.

nausgeplatscht, auf eine plumpe, schwerfällige Art hinausgelegt.

Neckarschleim, (Schleim-Schlamm), infima plebs, faex populi.

nit ohne, elliptisch, nicht ohne Werth, nicht zu verachten, am Platze.

noch, kurz noch; lang (nōch) nach; ich kumm der noch nach, ich komme dir noch nach.

nor, norre, numme, nur.

nüwwer, hinüber.

O.

Ober, Aber.

Ool, der und die, Aal.

Oos, Aas, ein Schimpfwort zur Bezeichnung eines bösen
Frauenzimmers.

orntlich, Adj. ordentlich, gehörig. Als Adv. hat es außer-
dem noch die Bedeutung: einigermaßen, gewissermaßen.

owwe, oben.

P.

Päffel, Pfäfflein.

Parre, Pfarrer.

peße, zwicken.

Pihnz oder Pihnzern, die, Eine, die gerne die Empfind-
same, Empfindliche, Kränkliche, Nervenschwache spielt, oder
es wirklich ist. Zeitwort: pihnze, empfindeln.

pischbere oder pischbre, lispeln, flüstern.

Plaa, eine leinwandene Decke von einiger Größe.

Plaschter, Pflaster.

platsche, platschen, platzen, von dem Geräusch, das ein Platz-
regen oder das Auffallen eines durchnäßten weichen Gegen-
standes verursacht.

Platscher, 1) das Geräusch, welches durch das platsche
entsteht; 2) Platzregen; 3) ein Schlag mit der flachen
Hand, wenn er dieses Geräusch macht.

Poschtur, Positur, Gestalt.

praßle, prasseln, s. broßle.

Puhl, Pfuhl.

Q.

Quetsch, Zwetsche.

R.

Raaf, b. Reif.

Raih, Reihe.

ramſe, einen Rams (ein gewiſſes Kartenſpiel) machen.

raſchple, feilen; auch von andern Verrichtungen, deren Geräuſch dem der Feile nahe kommt.

reformirder Thee, gleichbedeutend mit ſchteifer Thee, ein mit ſiedender Milch ſtatt mit Waſſer aufgegoſſener Thee, mit zugerührtem Eigelb und Zucker, Vanille u. ſ. w. Die Synonymik kommt daher, weil in den guten Zeiten confeſſioneller Neckereien die Reformirten oder Calviniſten als ſteif im Glauben und Umgang bezeichnet wurden (hart katholiſch, dick lutheriſch, ſteif reformirt).

robbe oder roppe, rupfen.

röhſch, mürbe, geröſtet oder gebraten.

Roſſemrein, Rosmarin.

Ruggericht oder Vogtsgericht, die Vernehmung aller Gemeindemitglieder über etwaige Wünſche und Beſchwerden in Bezug auf Gemeindehaushalt, Polizei u. ſ. w. Vgl. das altfränk. Inſtitut der Miſſi.

rumzowwle, an den Haaren herumzauſen.

runner, herunter.

S.

Salvet, Serviette.

ſchäke, hinken.

ſchänne, ſchänden in der Bedeutung von ſchimpfen.

ſchebb, ſchief, verſchoben.

ſchinne, ſchinden (ſich), ſich plagen, abarbeiten.

Schlamp, Schimpfwort; ein, beſonders in der Kleidung und im Hausweſen, nachläſſiges Frauenzimmer.

Schlauch, ein Kartenſpiel. Zeitw. ſchlauche.

Schliffel, Schimpfwort; ein im geſelligen Umgang roher, ungeſitteter Menſch.

Schlinkebutzer, ordinärer Branntwein, mit dem man die (meſſingenen) Thürklinken rein fegt.

ſchmeiße, werfen, ohne unedlen Nebenbegriff.

ſchmodig, feuchtwarm, von der Luft.

ſchmörbslich, ranzig. Zeitw. ſchmörbsle.

Schnof (lang), die Schnake, Fliege; Schpaß, Muthwille.

Schnubbelbutz (Butz = Schwein, Butzsau), ein Mensch, der schnubbelt, d. h. durch Eile oder Voreiligkeit eine Sache zu verderben pflegt.

schnulle, nach Art kleiner Kinder an etwas saugen ob. nagen.

Schornschte, Schornstein, Kamin.

Schpatzeai, Sperlingsei.

Schpauzdeifel, Speiteufel, genäßtes und zusammenge=knetetes Schießpulver, welches zischend, aber ohne Explo=sion verbrennt; ein beliebtes Spielwerk der Knaben.

schpeiche, speien.

Schpeiß, der, Mörtel; die Schpeiß, Speise.

Schpell, die Stecknadel; schpelle, mit Stecknadeln befestigen.

Schpritzer, 1) ein Spritzflecken; 2) ein leichter Regen.

Schrunn, die Schwiele, von der Arbeit und der rauhen Luft aufgesprungene Haut.

Schtaat, 1) Staat; 2) Pracht, Putz.

Schteeg, die Stiege.

Schtern, der, Stern; die —, die Stirne.

Schtichele, ein kleiner Stich, beim Nähen; keeñ Sti=chele sehe, gar nichts sehen.

Schtiffel, Stiefel.

schtobbe, stopfen. Schtobbeziecher, Korkzieher.

schtorrig, störrig, widerspenstig.

schtrample, mit den Füßen um sich treten.

schtrümbig, in Strümpfen, das heißt ohne Schuhe oder Stiefeln.

schtüre, herumstören, durchstöbern, durchsuchen.

Schtüwwel, Schtübbche, ein kleines Zimmer.

schtumbe, stoßen, herumstoßen: Schtumber, ein Stoß.

Schtumbe, 1) ein Stümmel, Stumpf, Ueberrest, bes. ein halbvoller Sack; 2) ein Mensch von kleiner Gestalt.

Schunke, Schinken.

Schwammbuckel, ein dicker Mensch, mit dem Neben=begriff der Aufgedunsenheit.

Schwarf, die sich mit Erfindung oder Verbreitung übler Nachreden beschäftigt.

Schwellkopp, ein aufgeschwollener, d. h. dicker Kopf, mit dem Nebenbegriff der Leere oder Dummheit.

Schwobealder, das Alter von 40 Jahren, in welchem man scherzweise die Schwaben erst Verstand bekommen läßt; dann auch ein Zeitraum von 40 Jahren.

Sehwegg (Sieh weg), der breitkrempige Bauernhut, zweimal aufgekrempt, so daß vorn eine Spitze ist, während das letzte Dritttheil der Krempe als Schirm dient.

eller, selli, sell; jener.

Soome, 1) Same; 2) Droh= und Schimpfwort gegen ungezogene Kinder.

sunscht, sonst; auch: schunschst.

T.

Traam, Traum.

Trapp, die Treppe, bes. die von der Straße ins Haus führende (auch Schtaffel, Hausschtaffel genannt); die von einem Stockwerk in das andere gehenden im Innern des Hauses befindlichen heißen Schteege.

U.

üch, euch.

Unschlich, Unschlitt.

üwwel, üwwerig u. s. w. übel, übrig.

uhze, aufziehen, necken. Subst. der Uhz, eine zur Neckerei erfundene Lüge; s. auch Geuhz.

V.

verbörge, verbürgen.

verbollert (von bollere, rumpeln, pochen), durch Klopfen, Schlagen od. Werfen verdorben (auch: verböllert).

verbumseie, verpfuschen, verderben, — die Sprache, die Rolle eines Schauspielers, ein Bauwerk.

verbutzelt, vermummt, maskirt.

Verdel, ein Viertel; wenn von Flächenmaaßen die Rede ist, bedeutet es einen Viertelsmorgen.

vergange, Adv., vor einiger Zeit.

vergeeschtert, eig. durch Geisterspuk außer sich gebracht; dann überhaupt: durch Schrecken oder Furcht angegriffen.

Verglich, Vergleichung, Vergleich.

verleche, 1) Part. von verliche, durch Liegen verdorben, verlegene Waare; 2) als Infinit. leck werden; verlecht leck geworden.

verrobhe, verrathen; dann im guten Sinn: offenbaren, anrathen (z. B. ein Hausmittel).

versaame, versäumen.

verschänne, 1) ausschimpfen (s. schänne); 2) verunstalten.

verschmeere, b. verschmieren, zustreichen.

Verschpruch, der, die Verlobung.

verschtaucht ist ein Glied, wenn die Gelenkbänder durch Stoßen oder Fallen angegriffen sind.

verschübbe, es mit oder bei Jemanden — heißt: es mit ihm verderben, seine Gunst durch eigene Schuld verlieren.

versuche, kosten (s. kuschtere).

vertrinke als Intransitivum so viel als: ertrinken.

verwiche, Adv., vor einiger Zeit.

Viech, Vieh, bes. wenn es als Schimpfwort gebraucht wird.

vormjohr, Adv. mit dem Ton auf der vorletzten Sylbe, im verflossenen Jahr; dagegen: vor eme Johr, vor einem Jahr.

W.

Wälder Uhr, d. h. schwarzwälder Uhr.

webber, 1) weder; 2) als Präp. in Zusammensetzungen statt wider; webbergehn, anrennen, übel anlaufen.

weller, Pron. interrog., welcher?

welsch, 1) ausländisch, bes. von Frankreich und Italien; 2) unverständlich; 3) im Irrthum oder Mißverständniß befindlich; añwelsche, Jemanden in fremder Sprache anreden; vorwelsche, Jemanden unverständliches und verworrenes Zeug vortragen.

welts, Adj. von Welt abgeleitet, weltmäßig, so groß wie die Welt, ungeheuer.

werr, verwirrt, wirr.

werrlich, wahrlich, wahrhaftig. Adv.

Werwelschopp, der Schopf am Wirbel auf dem Kopfe.

widder, Adv. wieder.

wider, Präp. wider, gegen; s. auch wedder.

Widbib, Wittfraa, Wittwe.

windelweech, so weich wie Windeln (zu denen man zarte
    Leinwand zu nehmen pflegt), ganz weich, besonders wenn
    von Schlägen die Rede ist.

Wingart, Weingarten, Weinberg.

Wiß, die Wiese.

Worscht, Wurst. Worzel, Wurzel. worzelfescht, einge=
    wurzelt fest, so fest wie eingewurzelt.

Z.

Zabbe, 1) Zapfen; 2) Vollzapf.

zacre, pflügen, (zuackern?).

zibble, etwas nur in kleinen Quantitäten (zipfelweise) her=
    geben, knickern, geizen.

Ziel, der herkömmliche Endtermin der Wohnungs= und Dienst=
    botenmiethe, der Zinszahltag u. s. w.

zsamme, zusammen; zsammt oder mitsammt, sammt.

zsammegebatscht, eig. durch ungeschickte Hände (Datsche,
    Tatzen) zusammengedrückt: dann überhaupt: durch Zu=
    sammendrücken aus der Form gebracht, verdorben.

Zucht, auch in der Bed. v. Getümmel, Unwesen.

zuckle, iterativum, in kleinen Zügen und öfter saugen.

zündle, mit Feuer oder Licht spielen; ohne Zweck und aus
    Spielerei anzünden.

Anmerkungen.

~~~~~~~

S. 10. Vöchelsdreck", d. i. Guano. „Kunstmischt aus Paris", die poudrette.

S. 17. „Lützel-Sahse", modernisirt und hochdeutsch gemacht: Lützelsachsenheim, eine der angeblich unter Karl d. G. angelegten Kolonieen an der Bergstraße zwischen Heidelberg und Weinheim, bekannt durch einen trefflichen rothen Wein. Die andern Sachsenorte sind: Groß- oder Michel-Sahse und Hoch-Sahse.

S. 18. „Neujohr kracht." Es ist die Sitte, das neue Jahr „anzuschießen."

S. 24. „Vorwärts!" Bereits vor etwa 10 Jahren schrieb ich ein ähnliches Gedicht in hochdeutscher Sprache, welches in einem (eingegangenen) Karlsruher Blatt abgedruckt ward, und den Titel führte: „Der neue Lafayette." Dasselbe ist also, und zwar um so mehr mein Eigenthum geblieben, als eine ängstliche Censur es damals nur theilweise hatte passiren lassen.

S. 26. „Wie mar sich erre kann" ist schon 1844 geschrieben, was ich aus gewissen Gründen bemerken will.

S. 50. „Hutzelwald." Dies ist ein Revier des Heidelberger Stadtwaldes, und der Brand darin eine wirkliche Thatsache. Ob die Aeußerung des Rathsherrn in der ersten Strophe, die man hier schon seit länger als 30 Jahren einem längst verstorbenen alten Biedermann nachredet, wirklich gefallen, oder erfunden ist, weiß ich nicht anzugeben.

S. 73. „Kebbekalb." Etwaige Forscher im Gebiete der Sagengeschichte bitte ich diese Geschichte nicht zu wörtlich für die wirkliche Sage vom Kettenkalb zu nehmen.

S. 89. „Der Kaiser und der Abt." Um den Groll des Kaisers besser zu motiviren, ist die 4te Strophe eingeschaltet. Die Uebertragungen selbst wird man nicht verargen, und ich könnte mich zu ihrer Rechtfertigung auf einen Ausspruch Göthe's

berufen, wenn es nöthig wäre. Daß ich an den Erzählungen
des ehrlichen alten Grübel hie und da abgekürzt habe, wird
man bei der Lectüre des Originals gerechtfertigt finden.

S. 104. „Jhetta", die pfälzische Velleda, welche auf dem
Jhettenbühel über Heidelberg gewohnt haben soll, erscheint
in der hier benützten Sage gewissermaßen als „Pallas, die
die Städte gründet." Hinsichtlich der Authenticität dieser
Sage kann ich freilich keine vollwichtige Bürgschaft leisten; doch
existirt sie.

S. 104. Die Neckarsage ist echt und im Munde des
Volkes.

S. 107. „Schimmedewoog", Schönmattenwaag im
Odenwald. Den hier beschriebenen Fidibustanz habe ich selbst
gesehen.

S. 175. „Der Antiquar." Eine Skizze hievon hatte ich
für die „Fliegenden Blätter" geliefert. Der Räuberhaupt-
mann Hölzerlips war übrigens nicht eine fingirte Person,
sondern eine wirkliche. Er wurde mit seinen Genossen im
Juli 1812 in Heidelberg hingerichtet.

S. 240. „O höret an die Schreckensthat." Die
Verse sind einem ohne meine Bewilligung als fliegendes Blatt
gedruckten Liede entnommen. Nach dem Wunsche einiger Freunde
gebe ich dasselbe hier zugleich als Probe einer kleineren Samm-
lung von Liedern ähnlichen Schlages, die ich unter dem Titel:
Orgelinda-Album für deutsche Orgelmamsellen ꝛc.,
herauszugeben beabsichtige, wenn das Genre Beifall finden sollte.
Daß in dem Namen Sarachaga die 2te Sylbe accentuirt
und die vorletzte kurz gebraucht ist, wird als eine hier wohl
unbedenkliche Licenz entschuldigt sein.

———

Karl Heinrich Lang ist geboren zu Singen bei Durlach
am 24. August 1800. Seine Eltern waren Wilhelm Lang,
damals Pfarrer zu Singen und Philippine, geb. Weghaupt.
Den ersten Unterricht für seinen künftigen Beruf erhielt er
durch seinen Vater, der in Philologie und Philosophie nicht

weniger bewandert war, als in der theologischen Wissenschaft. Nachdem er schon in seinem 15. Lebensjahr in die oberste Klasse des Lyceums zu Carlsruhe aufgenommen worden war, hatte er sich, durch seltenen Fleiß seine trefflichen Geistesanlagen unterstützend, schon in seinem 17. Jahre die Vorkenntnisse erworben, die ihn zum Besuch einer Universität befähigten.

Er bezog die Universität Heidelberg, wo er sich dem Studium der Theologie widmete und solche Fortschritte machte, daß er sich schon nach zwei Jahren der Staatsprüfung unterziehen konnte. Diese bestand er rühmlichst und wurde hierauf unter die Candidaten des evangelischen Pfarramts aufgenommen.

Früher schon fühlte er sich zur schönen Pflanzenwelt hingezogen und erlangte in diesem Fach der Naturwissenschaften solche Kenntnisse, daß sein Name unter den Botanikern Deutschlands ruhmvoll bekannt wurde.

Seine Vicariatsjahre brachte er bei seinem kränklichen Vater in Berghausen zu, nach dessen Tode er Pfarrverweser in Berghausen wurde.

Im Jahre 1822 wurde er auf die Pfarrei Gondelsheim berufen, woselbst er bis zum Jahr 1827 mit Segen wirkte.

Im Jahr 1827 wurde ihm die Stadtpfarrei Müllheim übertragen und im Jahre 1836 wurde er zum Decan und Schulvisitator der Diöcese Müllheim ernannt, in welchen Stellungen er sich die Hochachtung und die Liebe Aller erwarb, die ihn in seinem Wirken kennen lernten.

Nachdem er bis dahin sich fast ununterbrochen einer guten Gesundheit erfreut hatte, erkrankte er im Sommer 1843 und starb am 17. October 1843 in Müllheim.

C. F. Winter'sche Buchdruckerei in Darmstadt.